リーダーとは「言葉」である

行き詰まりを抜け出す77の名言・名演説

向谷匡史

青春新書
INTELLIGENCE

はじめに――リーダーの器は〝言葉〟で決まる

リーダーの全人格は、言葉によって伝わる。

言葉でしか伝わらないのだ。

「語らずとも意は通じる」

と考えるのは自分に対する過信である。

甘えである。

努力の放棄でもある。

「何を考え、何をどうしようとしているのか」――リーダーの仕事観や人生観、価値観は言葉になって初めて理解される。この人なら、という信頼も、この人について行きたいという感激も、この人のようなリーダーになりたいという願望もすべて、言葉が媒介する。

だから一流と呼ばれるリーダーは言葉によって人を育て、動かし、組織を発展させていく。人間関係が会話で成り立つものである以上、自分の思いをどんな言葉に託せばいいのか、どういう伝え方をすればいいのか、それによって相手をどうしたいのか、励ますのか、慰めるのか、奮い立たせるのか——このことを真剣に考えるのは、リーダーたる者の責務でもあるのだ。

伝える技術はもちろん大事だ。だが、それは口先の技術のことを言うのではない。体験によって濾過《ろか》された〝魂の言葉〟を、真摯《しんし》に、誠実に伝え、訴えかけることを言う。

「すべては練習のなかにある」

サッカーの神様と呼ばれたペレが毅然《きぜん》と言えば、本田宗一郎《そういちろう》（本田技研工業創業者）は

「私の最大の光栄は、一度も失敗しないことではなく、倒れるごとに起きるところにある」

と、不屈と継続することの大切さを語る。

壁にぶつかった人に、プロ野球選手のイチローは「壁というのは、できる人にしかやってこない。越えられる可能性がある人にしかやってこない。だから、壁がある時はチャンスだと思っている」とメッセージする。

「今日は苦しい、明日も大変。けれどもあさってになれば、きっといいことが起こるんだ」

ジャック・マー（アリババグループ創業者）はどこまでも明るく、人生をポジティブに

とらえてみせる。

そして、人種差別撤廃に一命を捧げたキング牧師は、二十万人を超える人々を前に、

「I Have a Dream（私には夢がある）」

と、高らかに宣言し、この言葉に世界中が感動する。

本書は、それぞれの分野で名を成したリーダーたち七十七人の言葉を厳選した。私が取材記者として、あるいは作家としてインタビューしたリーダーたちの、貴重な肉声も紹介した。彼らの一言半句《いちごんはんく》が心を震わせ、胸に突き刺さる。勇気が湧いてくる。この人に会ってみたい、この人といっしょに仕事をしてみたい、この人から人生を学んでみたい、自分もこの人と同じような言葉を用いて部下や後輩を導いてみたい——必ずや、そう感じてもらえるものと自負する。

掲載したリーダーたちの顔を思い浮かべ、耳朶《じだ》にその声を甦《よみがえ》らせながら、彼らの言葉に耳を傾けていただきたい。ビジネスに、人生に必ずや資すると、これは私の確信である。

令和二年十二月

向谷匡史

『リーダーとは「言葉」である』目次

2章 弱さを自信に変える

3章 人を認め、導く

4章 失敗を次につなげる

5章 不安を力にする

6章 壁を乗り越える

7章 未来に希望を見いだす

編集協力／コーエン企画
DTP／エヌケイクルー

1章

生き方の指針

どこに向けて、何のために、私たちは毎日を頑張っているのだろうか。百人いれば百の生き方がある――そう言われて、人生の目的をしかと定められる人がどれだけいるだろうか。流されゆく日々のなかで、私たちは生きる指針を模索する。

努力が成果に直結するとは限らない。頑張って頑張って、それでも周囲に認められざる自分がいる。失敗もする。つまずきもする。描く夢ははるか頂《いただき》にあり、仰ぎ見れば足がすくむ。その現実のなかで、私たちは今日を生き抜いていかなければならない。

リーダーたちも苦しんだ。そして前に向かって力強く足を踏み出した。彼らがメッセージする「生き方」には普遍の指針がある。

01

僕は毎日のように
こう自分に問いかけている。
〝今、僕は自分にできる
一番大切なことを
やっているだろうか〟

——マーク・ザッカーバーグ
（フェイスブック共同創業者）

私たちは誰と競っているのか。誰と戦っているのか。その答えがザッカーバーグの言葉にある。無駄な時間を過ごしていないか、今なすべきことは何か、自分にとって一番大切なことは何か。ザッカーバーグは常に自分に問いかけ、自ら出した答えに全力投球する。競う相手、戦う相手は他人ではなく自分自身である——彼はそうメッセージするのだ。

「一日二十四時間」は万人に平等である。だが、無駄な時間を排除し、プライオリティーを明確にすることによって一日は二十四時間を超える価値を持つ。ザッカーバーグは「今日、何を着るか」ということを考えるのは時間の無駄とし、同じTシャツ二十枚を毎日着回す。「そこまでやるか」ではなく、そこまでやってはじめて時間は活きてくるのだ。

三十六歳の若さで純資産が千億ドル（約十兆五六〇〇億円）を超えた。ザッカーバーグは世界屈指の大富豪だ。その大富豪が安住することなく自問の日々を送り、自分を駆り立てる。富に対する貪《むさぼ》りではない。生き方である。限られた人生をどう生きるかという人生観である。完全燃焼の一日を希求する人生観がビジネスとリンクしているのだ。

だから彼は言う。「速く動いて失敗せよ、リスクをとらないことが最大のリスク」「ミスよりグズを嫌え」「完璧を目指すよりも、まずは終わらせろ」。毅然《きぜん》とした言葉の背後に、確固たるリーダーの人生観がある。だから社員たちの心に響くのだ。

02

雨と晴れは必ずやって来る。
大切な事はその両方を
幸運だと捉える心構えだ。

――孫正義《そんまさよし》
（ソフトバンクグループ会長兼社長）

泰然自若《たいぜんじじゃく》――。これが、孫正義だ。どんなリスクが予感されようとも、このリーダーについていけば大丈夫――そう思わせる存在感が彼にはある。

ソフトバンクグループ（ＳＢＧ）は世界のベンチャー企業に八兆五千億円を投資する一方、営業損益が一兆円を超える赤字になるといった報道が飛び交う。スケールがちがう。空恐ろしい数字だ。並のリーダーであれば、険しい顔で今後の見通しを発表するか、強気で否定してみせる。ところが、孫正義は平然とこうツイートする。「嵐の前では臆病だと笑われるくらい守りに徹した方がいい。それが本当の勇気だと思う」

悲壮感は微塵《みじん》もない。一蹴《いっしゅう》するわけでもない。雨も降れば晴れもする――淡々として現状を受けとめ、嵐に見舞われるなら守りに徹すればいいと語る。それが本当の勇気だと、気負うことなく言ってのける。部下はリーダーの顔色をうかがい、一言半句《いちごんはんく》に耳をそばだてる。平然として動ぜず。泰然自若とした孫正義の言葉が、部下たちの動揺と不安を払拭するのだ。

リーダーも迷う。不安もある。人間である以上、当然だ。だが、それを口にするわけにはいかない。そのためには普段から「晴れてよし、雨が降ってもよし」という心構えがリーダーに求められる。泰然自若とは、不安を呑みこむ度量のことを言う。

03

勇者とは
怖れを知らない人間ではなく、
怖れを克服する
人間のことなのだ。

——ネルソン・マンデラ
（南アフリカ共和国元大統領）

仕事に、将来に、人間関係に、そして生きることに確信が持てなくなったとき、不安は懐疑《かいぎ》に変わっていく。「このままの人生でいいのか」——自問は、恐怖の引き金になる。

マンデラは反アパルトヘイト（南アフリカ共和国の人種隔離政策）の闘士だ。国家反逆罪で終身刑を宣告され、過酷な重労働で胸と目をやられる。獄中で死を待つのだ。私たちなら絶望と恐怖で足が震える。これまでの生き方に後悔もするだろう。だがマンデラは恐怖を認めた上で、これを克服する人間こそが「真の勇者」だと気づく。

獄中で勉強をはじめた。大学通信教育課程で学士号を取得し、体制側である白人との交渉に備えて語学も学んだ。死ぬまで獄中にいる身に交渉する日など来ないだろう。それでも絶望と怖《おそ》れを克服する証《あかし》として勉強を継続するのだった。投獄から二十六年後、国際世論の高まりを受けて解放され、のちアパルトヘイトは撤廃される。ノーベル平和賞を受賞し、曲折をへて七十六歳で大統領に就任した。

怖れを克服するのは簡単ではない。だが、恐怖も希望も、己《おのれ》の心の裡《うち》に棲《す》むことをマンデラは私たちに力強くメッセージする。人生への懐疑、そして恐怖に立ちすくんだとき、獄死を覚悟したマンデラの言葉が勇気を与えてくれる。体験からにじみ出たリーダーの言葉には万鈞《ばんきん》の重みがある。

04

変えようと思っても、
変わらないのは事実なんだ。
だけど、挑むということで
ぼく自身が、
生きがいを貫いている。

――岡本太郎（芸術家）

芸術界の反逆児——。それが岡本太郎だ。権威主義に抗し、創作の情熱とした。「人生の目的は悟ることではありません。生きるんです。人間は動物ですから」——そんな言葉も口にする。腹が減ったら食う、眠くなったら眠る、嬉《うれ》しかったら笑う、そして悲しかったら泣けばよい。岡本の人生観を読み解けば、そういうことになるだろうか。

戦前の十年間をパリで過ごし、戦時下、徴兵されて中国戦線に出征。敗戦によって収容所に放り込まれる。そして帰国後、「絵画の石器時代は終わった」と宣言して、日本美術界に立ち向かった。テレビのバラエティー番組にも出演し、「芸術は爆発だ！」と目を剥《む》いて叫ぶなど〝一風変わった芸術家〟は茶の間の人気者になっていく。

世間を驚かせるのは一九七〇年開催の大阪万国博覧会だ。現在も大阪のシンボルとして永久保存される『太陽の塔』を制作。頂部に三つの顔を配置することによって、過去・現在・未来を貫く生命の躍動を表現してみせた。高さ七十メートル。圧倒的存在感は日本中に衝撃的な感動を与えた。

だが、反逆児がいかに奮闘しようとも、世の中は旧態依然のままだ。岡本はそのことを事実として認めつつも、決然と掲載の言葉を口にする。結果がどうあろうと、激しく挑み続ける、そのこと自体を生きる証とする。岡本のメッセージは、だから熱いのだ。

05

墓場で一番の金持ちになることは私には重要ではない。夜眠るとき、我々は素晴らしいことをしたと言えること、それが重要だ。

――スティーブ・ジョブズ（アップル社共同創業者）

ジョブズは妥協を許さない。「できないはずがない。君ができないなら他の人間にさせるだけだ」――激しい叱責と、容赦のない人事異動。甘さは微塵もない。それでも部下の信望を集めた。二〇一一年、五十六歳の若さで死去。彼のリーダーとしての魅力とは何だったのか。

アップルを巨大IT企業に育てたジョブズは一貫して、私たちはいかに生きるべきかを、ビジネスという場において熱く語り続けた。「お金が目当てで会社を始めて成功させた人は見たことがない。まず必要なのは、世界に自分のアイデアを広めたいという思いなのだ。それを実現するために会社を立ち上げるのだ」。利潤追求を離れて会社は成立しない。それでもジョブズは、お金が目当てであってはならないと信念を説く。

「私は才能をバックアップする」「即戦力になるような人材なんて存在しない。だから育てるんだ」――この言葉に奮い立たない部下はいない。「毎朝、鏡の中の自分に問いかけてきた。〝もしも今日が人生最後の日だとしたら、今日やろうとしていることをやりたいと思うだろうか？〟と」。この言葉に誰もが胸を抉《えぐ》られるだろう。

ジョブズの言葉が琴線《きんせん》に触れるのは、人生を真摯《しんし》に見つめた彼の生き方にある。「この人ならわかってくれる」――リーダーの魅力はこの信頼感なのだ。

06

私には夢がある。

――キング牧師

（アフリカ系アメリカ人の公民権運動の指導者）

生涯を人種差別撤廃に捧げた。警官隊の暴力的な取り締まりに対して、キング牧師は非暴力主義を貫き通し、一九六四年七月、歴史的な公民権法の制定を実現する。アメリカ建国から二百年。法の上での人種差別が撤廃された。それから四年後、キング牧師は遊説先で兇弾《きょうだん》に倒れ、三十九年の生涯を閉じる。

「I Have a Dream」——公民権法制定の前年、リンカーンの奴隷解放宣言百年を記念する大集会で、二十万人を超える参加者を前にキング牧師が言った。「絶望の谷間でもがくことをやめよう。友よ、今日、私はみなさんに言っておきたい。われわれは今日も明日も困難に直面するが、それでも私には夢がある」——。「私には夢がある」というフレーズを繰り返しながら、「肌の色によってではなく、人格そのものによって評価される国に住むという夢」「黒人の少年少女が、白人の少年少女と兄弟姉妹として手をつなげるようになるという夢」などを熱く語りかけ、世界の人々を感動させた。

「夢」という一語には人生が凝縮されている。実現できるかどうかわからない。蜃気楼《しんきろう》であるかもしれない。それでも私たちは前途に夢を描く。道は決して平坦ではない。現実の壁にはばまれ、くじけそうになる。そのとき「私には夢がある」というキング牧師の言葉が背を押してくれる。「夢」という一語は、歴史を超えて人間の魂を揺さぶるのだ。

07

痛み、失敗というのは大切なんだよ。人間は自分が痛い思いを経験するから、人の痛みも分かる。情を知る訳だ。情を知ると、自分が不幸になっても人には幸せになって欲しいと思うようになれる。少しぐらい自分が不幸になってもいいという考え方が出来るようになる。

――勝新太郎（俳優）

勝新太郎の金銭感覚は壊れているのではないか。そう思ったことがある。某県某ホテルから知人を介して勝新太郎ショーの打診があり、私が橋渡しをしたときのことだ。勝プロは一九八一年、当時のお金で十二億円の負債をかかえて倒産。〝火の車〟だった。依頼されて前金の交渉もした。ところが、長唄二代目・杵屋勝丸《きねやかつまる》でもある勝は、自分のギャラが少なくなるのを承知で、三味線など大所帯を引き連れて乗り込んだのである。「ショーの質を落としたくない」――勝は譲らなかったという。利益が出なかったと勝の事務所関係者はこぼした。プロ根性は見上げたものとしても、勝の我が儘《わまま》に私はあきれた。

ところが後年、「自分が痛い思いを経験するから、人の痛みも分かる」(『偶然完全 勝新太郎伝』田崎健太/講談社+α文庫)という掲載の言葉で考えが変わる。勝は、仕事に困っていた出演者たちに手を差しのべたのではなかったか。「人に幸せになって欲しい」「少しくらい自分が不幸になってもいい」――豪放磊落《ごうほうらいらく》に見える勝の、人情に篤《あつ》い素顔を垣間《かいま》見た思いだった。

一九九〇年、旧ホノルル国際空港。違法ドラッグ所持容疑で勝は逮捕される。勝手にパンツの中に入っていたと大マジメに供述。検察は激怒し、世間は喝采した。勝新はきれいごとの一切を言わず、死ぬまで「勝新」を貫いてみせたのだ。

08

やってみなはれ、やらせてみなはれ。

——佐治《さじ》敬三（サントリー元会長）

「虎の子を捕まえるために、虎穴《こけつ》に入らせてください」——部下からこう言われ、二つ返事でOKを出す上司がどれだけいるだろうか。リスクと成果を天秤にかければ安全策に傾くのが上司の心理だ。部下は面白くない。こうして信頼感が削《そ》がれることになる。

サントリーは、ウイスキー事業からビール事業へ進出して成功をおさめた。当時、ビール事業はキリン、サッポロ、アサヒの大手三社による寡占状態。サントリーは虎穴に飛び込み、虎児《こじ》を得たのだ。

創業者・鳥井信治郎の「やってみなはれ」の精神に、後を継いだ次男の佐治敬三が「やらせてみなはれ」をつけ加えた。「やってみなはれ、やらせてみなはれ」——この言葉を職場に掲げた。「やってもいいぞ」と受け身になるだけでなく、部下の提案に対し、どんどん「やらせてみよ」というチャレンジ精神である。リスクは当然ある。それを承知で結果については上司が責任を負う。その覚悟を持つことで部下は果敢に虎穴に飛び込み、虎児を手にして帰ってくるのだ。

サントリーは二〇一四年、一兆六五〇〇億円の巨費を投じてアメリカのビーム社を買収、蒸留酒で世界第三位のグローバル企業になる。虎児は虎穴にしかいない。リスクが伴う。GOサインを出すかどうか。上司の的確な判断と度量が試されるのだ。

09

光ったナイフは
草原の中に捨てられていても
いつか人が見出すものだ。

――清沢満之《きよざわまんし》
（真宗大谷派の僧侶）

不遇の時代を過ごす人にとって、清沢のこの言葉はどれだけ励みになることだろう。自分を一心に光らせることだけを考えて過ごせ、光り輝いていさえすればいつか必ず人が見出してくれる――清沢はそう言う。受け身の生き方ではない。辛抱でもない。人と競うわけでもない。自己を見つめ、自己と対話し、来たるべきときに備えてひたすら自分を磨き続けるのである。「頑張れ」と清沢は背中を押すわけではない。あわてなくていい、ただ光ってさえいればいいんだ、と寄り添うところに懐の広さがある。

清沢は明治期に活躍した真宗大谷派（本山・東本願寺）の僧侶であり、哲学者・宗教家だ。東京大学文学部哲学科を首席で卒業。宗門校の校長などをへて「制欲自戒生活」を始める。食事は麦飯に一菜、漬物とし、煮炊きをせず、飲料には素湯《さゆ》もしくは冷湯を用いた。自戒生活のなかで書き上げた『宗教哲学骸骨《がいこつ》』が英訳され、海外で評判となる。宗門改革運動を立ち上げるなど精力的に活動する一方、私塾「浩々洞《こうこうどう》」を開設し、リーダーとして多くの著名な真宗学者を輩出するも、肺結核の悪化により三十九歳の若さで没する。

清沢が再び脚光を浴びるのは、それから六十二年後。作家の司馬遼太郎が清沢をエッセイで取り上げてからだ。死してなお、〝光るナイフ〟は人に見出されることを、清沢は我が身をもって示したのである。

10

会社員人生、
すべて思い通りにはいかない、
必ず挫折が待ちかまえて
いるんだと思います。

――川淵三郎（Jリーグ初代チェアマン）

愛称は「キャプテン」、渾名《あだな》は「サブ」――。この人の下で働いてみたい。そう思わせる一人だ。強力なリーダーシップと明快な論理、そして負けん気と押しの強さ。〝Jリーグ生みの親〟は、その牽引力からワンマンと揶揄《やゆ》されることもある。

川淵のリーダーとしての魅力は、挫折を経験していることだ。サッカー監督とサラリーマンの二足の草鞋《わらじ》。古河電工名古屋支店部長というエリートだった。本社の部長に栄転できるものと思っていたところが、子会社の部長として出される。左遷である。青天の霹靂《へきれき》だった。悩んだ。退職も考えた。当時を振り返って語っている。「本社の人事責任者は直接、私に告げなかった。大事な人事は一対一のサシで話をするべきです。そうでないと、しこりが残る。左遷は、異動を言い渡す方の力量も問われるのです」。川淵らしく、正論をズバリと言って容赦ない。

二足の草鞋で、ずっと日の当たる道を歩いてきた。それが、左遷で、人生街道には日陰があることを知らされる。この体験が川淵の財産になったのではないか。称賛、挫折、痛み、そして苦悩をへてリーダーは強くなっていく。左遷から三年間〝冷や飯〟を食って退職、黎明期《れいめいき》のJリーグ初代チェアマンに就任する。サッカーブームの熱い渦が全国を席巻していく。

11

『正しい人生』とか『何とかの人生』なんてものはないよ。本人にとっての人生しかないんでね。自分にとっての人生しかないんだ。

——今東光《こんとうこう》（僧侶・作家・政治家）

明治生まれの気骨の人である。僧侶、直木賞作家、参議院議員——。今東光は型破りで、毒舌で、マルチな活躍をした。

今東光の毒舌は本質をズバリとついて思わず唸《うな》ってしまう。人生、いかに生きるべきかと問われれば、「人生はな、冥土《めいど》までの暇つぶしや。だから、上等の暇つぶしをせにゃあかんのだ」。こんな言い方をする。「冥土までの暇つぶし」と人生を喝破《かっぱ》し、その上で暇つぶしは上等でなくてはいけないとする。評判を気にし、汲々《きゅうきゅう》として生きる私たちに「嫌われて生きる方がいい」という一言をもってさとす。逆説の励まし——これが「毒舌和尚」のやさしさなのだ。

だが、今東光の言葉に合点しながらも、割り切って生きるのは難しい。人生に迷いはつきもので、迷えば袋小路に陥って身動きができなくなる。今東光は、迷いの元凶は人生に正解を求める心にあるとする。だから「正しい人生なんてものはない」と一刀両断にし、「結局、生まれて、生きて、ただ死ぬだけのことではないか。どう生きるかは、それぞれの計らいでいいではないか」と言ってのける。計らいとは判断や意思、意味づけのことで、死ぬまでの人生、思うさま生きたらいい——そう言っているのだ。「空々寂々《くうくうじゃくじゃく》たる人生なんて、糞食《くそく》らえ、と思うべし」。今東光の毒舌は熱く、私たちの心に響く。

2章

弱さを自信に変える

一流のリーダーは、自らの弱さを認める。隠さない。ここが出発点である。弱さとは自信のなさであり、能力に対する懐疑であり、将来に対する不安である。弱さに埋没するか、弱さをスプリングボードにするか。ここに人生の岐路がある。

自分を奮い立たせるのも一つの方法だ。前だけを見て突き進む方法もあるだろう。希望を抱くこと、自己暗示をかける方法もある。リーダーたちの処し方はさまざまだが、共通するのは「弱さをいかに自信に変えるか」——この一点である。

その方法を、リーダーたちは熱い言葉で語りかける。弱さは克服するものではなく、活かすものであることがわかるのだ。

すべては練習のなかにある。

――ペレ（プロサッカー選手）

12

「努力をするようではだめだ」という逆説がある。「遊び」に対して嫌々努力する人間はいない。努力は「楽しくないこと」に対してなされるのだ。

ペレはどうだったのか。「すべては練習のなかにある」の「すべて」の一語が物語っている。技術の向上、勝利の栄光だけでなく、「練習に苦しむ自分」に夢中になることをも指しているのではないか。ペレはこうも言う。「他の選手が練習後にビーチに行ってしまったときも、私はボールを蹴っていたんだ」。この言葉に義務感のニュアンスはない。

大リーグで活躍するダルビッシュ投手も同じことを言う。「土、日の休みが消え。夏休みが消え。冬休みが消え。友達が遊んでる時に練習してた。だから今がある」。元ボクシングの世界チャンプであるメイウェザーも言う。「俺はハードに練習してるぜ。お前らが休んでいるとき、俺は練習している。お前らが寝ているとき、俺は練習している。お前らが練習しているときは、当然俺も練習している」——彼らに悲壮さは微塵《みじん》もない。

努力の大切さは私たちにもわかっている。わかっていても継続は難しく、意志の弱さを責める。だが、それは目的のための〝義務的努力〟だと思っているからではないか。努力そのものを楽しもうとすれば、ペレの言葉の真意がわかってくる。励ますだけがリーダーではない。発想の転換をうながし、本人に気づきを与えるアドバイスの仕方もあるのだ。

迷ったら前へ
苦しかったら前に
つらかったら前に
後悔するのはそのあと、
そのずっとあとでいい。

——星野仙一（プロ野球選手・監督）

13

怒鳴る、鉄拳が飛ぶ。監督当時の星野仙一は問答無用の〝瞬間湯沸かし器〟だった。よく言えば熱血漢。いまの時代で言えば「暴力的パワハラ」である。元中日ドラゴンズの投手で、数々の最年長記録を更新した山本昌《まさ》が、星野の監督時代を振り返って私にこう言った。「怖い。とにかく怖かった。いまでも電話でしゃべるだけで、僕は直立不動になってしまう」

それでも選手たちは慕った。なぜか。山本昌は続けて言った。「すべて選手のためを思ってのこと」――それがわかっていたからだ。山本が自動販売機でジュースを買い、取り出し口に左手を差し入れるや背後から星野に頭を叩かれた。「この野郎！　突き指したらどうするんだ！」。山本は左腕投手だった。

「迷ったときは前へ」――。星野が口うるさく選手に言った言葉だ。「前に出て失敗したら後悔せん。下がって失敗すれば後悔するやろ」。この一言で若手は伸び伸びとプレーに集中できると、星野は取材で私に語った。鉄拳、怒声が現代に容認されるわけではない。だが、指導に万言を費やそうとも、リーダーに本気の愛情がなければ選手は絶対についてこない。これだけは時代を超えて普遍の事実なのだ。

どれだけ真摯に熱くなれるか。部下の信望と尊敬は、リーダーの熱量に比例する。

卵の時に見て、
これはいける、
これは駄目だというのは
分からない。
人は化けるのです。

——中邨《なかむら》秀雄
（吉本興業元会長）

14

中邨は吉本興業「中興の祖」である。課長時代、劇場中心の経営からテレビ出演へ戦略展開。社長就任後は東京進出を成功させ、総合エンターテインメント企業へと導く。関西学院大学時代はラグビー部で活躍。当時、弱小プロダクションにすぎなかった吉本興業で、ただひとりの大卒社員だった。

吉本興業には現在、総勢六千人以上のタレントが所属するが、それでも全国区タレントは一握りしかいない。どうやって「金の卵」を見抜くのか。中邨は自著に断言する。「はっきり申します。卵の時に見て、これはいける、これは駄目だというのは分からない。人は化けるのです」(『吉本興業　使った分だけ人とお金は大きくなる!』三笠書房)。人は化ける――これが〝人材企業〟を率いてきた中邨の持論なのである。

では、どうすれば人は化けるのか。三つの要素があると中邨は言う。実力四割、運四割、努力二割だ。実力と努力は自分の意志で何とかなる。運はどうか。運とは人との縁のことを言う。だから不遇に腐らず、笑顔で、明るく、誠実をもって接していれば必ず運が向いてくるぞ――そうさとすのがリーダーの愛情ということになる。そして中邨は「人は化ける」に続けて「チャンスを与えられた時に化けたタレントが、金の卵」だと言う。化けるかどうかは部下次第であろうとも、チャンスを与えるのはリーダーの役目なのだ。

下足番《げそくばん》を命じられたら
日本一の下足番になってみろ。
そうしたら、誰も
君を下足番にしておかぬ。

——小林一三《いちぞう》
（阪急東宝グループ創業者）

15

小林は阪急東宝グループの創業者だ。慶應義塾大学から三井銀行へ就職するも落ちこぼれて退社。曲折をへて箕面《みのお》有馬電気軌道という弱小電鉄の再建を果たし、これがのちの阪急電鉄となる。一介の〝ダメ行員〟から政財界の重鎮《じゅうちん》に上り詰めた立志伝中の人物だ。関西財界の雄と呼ばれた。戦前は商工大臣、戦後は国務大臣を務め、政界で重きをなす。

下足番とは、旅館や料理屋などで客の履《は》き物の出し入れを仕事とする人だ。職場でのヒエラルキーで下層と見られている。地味で単調で、誰でもできる仕事。能力の発揮のしようがない。チャンスもめぐってこない。下足番を命じられたら誰でも腐り、転職のことばかりが脳裡《のうり》をよぎる。そんなことではだめだ、そんな了見では下足番のままで人生を終えることになるぞ——小林の言葉はそう言っているのだ。

豊臣秀吉は草履《ぞうり》取り（下足番）から天下人になった。使命にベストを尽くすという責任感と人間性が、主君の信長に認められたのだ。腐っていたら、おざなりの仕事をしていたら、のちの秀吉はいない。ダイヤは路傍《ろぼう》に転がっていても光り輝く。どんな境遇にあれ、渾身の力で輝いていれば必ず人の目にとまる。必ず誰かが見ている。だから腐る気持ちを呑み込み、目前の仕事に全力を傾注する。チャンスは万人に平等であることを、小林の言葉は気づかせてくれる。

いつも必ず
自分に勝てる人間なんて、
そうそういるものではない。
大切なのは、自分に負けたとき、
「もっと強くならなければ」
と願うことだ。

――三浦知良《かずよし》（プロサッカー選手）

16

「キング・カズ」――そう呼ばれる。ブラジルで成功し、世界のサッカークラブで活躍した。パイオニアであり、今日のサッカー人気の立役者である。Ｊリーグ史上最高齢の五十三歳の現役選手にして、世界最高齢での得点記録を持つ。

だが、順風で来たわけではない。「人間百パーセントはないが　お前は九十九パーセント無理だ」――ブラジル留学の希望を話すと、監督はそう言った。一パーセントに望みを託し、カズは高校を中退して海を渡る。下積み。失意。帰国を考えるが、裸足でサッカーに興じる子どもたちを見て、「何を俺は贅沢なことを言っているんだ」と自分を叱責する。

苦節の体験が言葉になるとき二つのタイプに分かれる。檄《げき》を飛ばすか、やさしく語りかけるか。カズは後者だった。「自分に勝てる人間はそうはいない」と寄り添う。「立ち止まっていてはいけない。一気に百メートルも進まなくていい。一センチでもいいから前に進もう」と励ます。「夢は語ったほうがいい。言わなきゃ、何も始まらない」と背中をそっと押してくれる。だから若手選手が慕う。

カズは自分に負けたとき、自分を叱咤《しった》しない。「強くならなければ」と願う。自分にも寄り添うのだ。ここに不屈の半生を歩んできた〝人生の年輪〟を見る。後輩に語りかける言葉はやさしくとも、背後にアスリートとしての覚悟がある。だから「キング」なのだ。

17

まずはじめに常識を疑う。
（必要であれば）時には
素早く変わり身をする。

——山中伸弥《しんや》（医学者・iPS細胞の開発者）

端正なマスクに縁なし眼鏡がよく似合う。謙虚で、紳士的で、ソフトな語り口。ノーベル生理学・医学賞を受賞した山中伸弥は、京都大学iPS細胞研究所のトップとして日本医学界を牽引《けんいん》する。

整形外科医としてスタートしたが、落ちこぼれだった。二十分で終わる手術が二時間かかる。山中は振り返る。「指導医に、僕は山中という本名で呼んでもらえませんでした。『お前はほんまに邪魔や。ジャマナカや』と言われ続けました」。頭をかかえ、逃げ出すようにして臨床医から研究者に転向し、アメリカ留学のキャリアを積んで帰国。だが、将来性のない幹《かん》細胞研究は見向きもされなかった。前途は真っ暗。幼い娘二人をかかえて三十三歳は男泣きする。それから十六年の苦節の先にノーベル賞はあった。

山中は常識を疑うこと、素早く変わり身をすることに続けて、「同時に、石の上にも何年、と粘り強く一つのことをやることも本当に大事です」と語る。臨床医から研究者に〝変わり身〟をして一転、今度は陽の当たらない道を歩み続け、世界最高の栄誉に浴する。天才的頭脳がノーベル賞を取るのではない。エリートが出世するのでもない。不安、葛藤、挫折、そして男泣きするほどに苦しみ、ここぞと決めた道を愚直に突き進んだ結果が報われたのである。

私は小心者で、
四打数三安打を放っても
「明日は打てないかもしれない」
という不安に襲われ、
だからひたむきに毎晩、
バットを振った。

――張本勲《いさお》（プロ野球選手）

18

「アッパレ！」「喝《かつ》！」——。日曜朝の情報番組でスポーツ選手を一刀両断。張本は野球界のみならず、スポーツ界の御意見番である。首位打者七度はイチローと並ぶ日本記録で、現役時代の異名は「安打製造機」。通算安打三〇八五本など多くの日本記録を持つ。

一九四〇年生まれ。根性と努力が運を呼び込むとする「昭和の熱血漢」だ。いまの時代、一歩間違えばパワハラである。若手選手は煙たがる。だが、張本の人間性を理解する若手は、彼の言葉に真摯に耳を傾ける。本音で話すからだ。熱血漢だが、自分を強く見せようとはしない。掲載の言葉のように自らを「小心者」と言う。私が取材で会ったとき、こんなエピソードを語った。

「不安をおぼえると、家で食事をしていても途中で席を立って、バットを振りに別室に行くんです。二十本、三十本と振ってテーブルにもどる」。箸をつけながら、また不安がもたげてくると席を立つ。これを何度も繰り返す。奥さんもあきれて「食事のときくらい落ち着いて食べたらどうなの」と小言を言った——そんな話を若手にもし、自著にも書く。

大打者にしてこの不安と小心。「喝！」と「不安」のどちらも張本の本音であり、すべてをさらけ出して見せる。若手に煙たがられることも、反発されることも承知しながら、張本は歯に衣着せず私論を展開する。万人に敬愛されるだけがリーダーではないのだ。

19

リーダーのスピードが、部下のスピードになる。

――メアリー・ケイ・アッシュ（アメリカの化粧品会社メアリー・ケイ創業者）

十七歳で結婚したメアリーは、夫を第二次大戦で兵役にとられ、三人の子どもを養うため訪問販売で働きはじめる。女性に社会的ハンデのあった時代。正当に評価されず、二十三年勤めたのち、無念のうちに退社し、わずか五千ドルで会社を立ち上げる。これがすべての始まりだった。巨大化粧品会社に成長させ、女性起業家として世界で注目された。

起業したメアリーは次の三つを経営哲学として唱えた。「自分がして欲しいと思うことを他人にもすること」「人生で一番大事なものは神であり、その次が家庭、仕事は三番目」「称賛と励ましがすべての人を成功に導くこと」――。利潤を追求する言葉は一切ない。仕事より家庭が大事と人生の価値観を明確にした。そして率先垂範《そっせんすいはん》してみせた。

従業員の背後にいて尻を叩《たた》く経営者ではない。自分が馬となり、馭者《ぎょしゃ》となり、自分にムチを振るった。従業員たちは追走してスピードを上げる。メアリー・ケイ社はこうして急成長していく。

リーダーの使命は最短距離を行くことではない。先頭に立って全力で走り抜くことだ。メアリーは言う。「行く手をふさがれたら、回り道で行けばいいのよ」。回り道をも全力疾走してみせる。ひたむきなこの姿勢に、社員も部下もひきずられていくのだ。

チームコンダクターっていうのはね、
いつも顔色をよくしとかんといかんのですよ。
コンダクターが暗い顔でいたんじゃ仕様がない。
体調をよくして、
いつも元気いっぱいなところを
見せないと選手はついてこないし、
チームも元気がなくなるもんです。

――長嶋茂雄（プロ野球選手・監督）

20

プロ野球界のスーパースター長嶋は親愛とユーモアをもってその存在が語られる。発する言葉がユニークだからだ。「ベースボールはイングリッシュのスポーツ」「ライフワークの中で非常にメモリーです」「七月はね、スクランブルプッシュです。いわゆる、イケイケです」――。天才肌の天然キャラだが、長嶋を悪く言う人はいない。言葉はユニークでも、言動のすべてが本気。真剣勝負であることを選手もメディアも承知しているからだ。

そして〝アヒルの水かき〟、つまり見えないところでの研究・努力を怠らない。巨人の監督に復帰して二年後の一九九四年の日本シリーズでのこと。初戦前日のミーティングで選手に言った。「いいか、私にはわかるんだ。このシリーズは四勝二敗で我々が勝つ！もう決まっているんだ！」。浪人時代に勉強したスポーツ心理学を導入。選手を奮い立たせ、予言どおり優勝を飾る。

長嶋は言う。「結果が悪ければ天もファンも見限る。それが監督業。負けるのは監督が悪い」。監督を上司に置き換えればリーダー論になる。結果責任を一身に負う気構えが、部下の信頼につながるのだ。

現役時代、長嶋は自宅で深夜まで黙々とバットを振ったという。努力を天然キャラで包んでみせる。リーダーのあるべき一つの姿である。

21

人はしばしば不合理で、
非論理的で、自己中心的です。
それでも許しなさい。

——マザー・テレサ（修道女・慈善活動家）

私たちは「許す」が苦手だ。「責める」は得意で、大好きだ。そして「責める」は時として同調圧力となって人の心を抉《えぐ》る。コロナ禍で同調圧力が非難された。だが、非難そのものが「責める」であり、同調圧力になっていることに気がつかないでいる。

マザー・テレサは、それが人間なのだとする。不合理で、非論理的で、自己中心的である。それでも許せという。受け身ではない。寛容の心とは、「許す自分」は「許される自分」であることに気づいた先に芽生えるものなのである。

テレサはカトリック教会の修道女として、貧しい人々の救済に生涯を捧《ささ》げた。一九七九年、ノーベル平和賞を受賞。授賞式には普段と同じ粗末な身なりで出席し、多額の賞金を手に「このお金でいくつのパンが買えますか」と問いかけ、全額をインド・カルカッタ（現コルカタ）の貧しい人々に捧げる。そして、世界平和のために私たちは何をなすべきか質問され、「家に帰って家族を愛してあげてください」と答えたのだった。

テレサは生涯をかけて「人間愛」を説いた。愛とは、お互いが弱さを認め合い、許し合うことを言う。そのことに気づいたとき、相手を見る目は確実に変わる。家庭で、職場で、地域コミュニティーで。人間関係はもっともっと素晴らしいものになることを、テレサは「許す」という言葉で生涯をかけて説いたのである。

3章

人を認め、導く

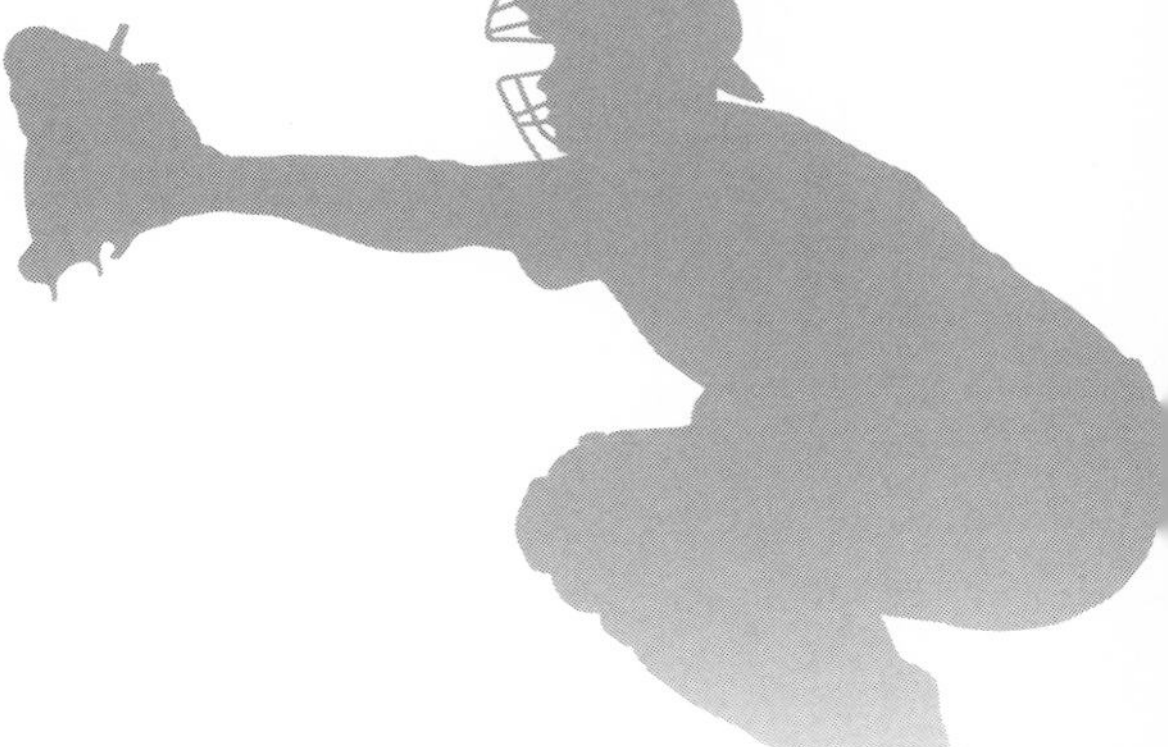

リーダーの一言で人生が変わることがある。励ますか、認めるか、慰めるか、あるいは寄り添うか。琴線《きんせん》に触れれば奮起し、懐疑すれば心はすぐに離れてしまう。上から目線であってはならない。相手の人格を認め、相手にとって最善の道に導く――これが真のリーダーなのだ。

そのためには、リーダーに対する全幅《ぜんぷく》の信頼と尊敬が不可欠となる。率先垂範《そっせんすいはん》はもちろんのこと、手柄を譲る度量もいる。自らを厳しく律することも必要だ。だが何より大切なことは、自分の思いをいかに言葉に託すことができるか。リーダーに問われる「メッセージ力」である。

22

リーダーとボスの違いは
何かと問われれば、
リーダーの仕事は開かれているが、
ボスの仕事は隠されている。
リーダーは導くが、
ボスは強《し》いる。

——セオドア・ローズベルト
（アメリカ合衆国第26代大統領）

ローズベルト（ルーズベルト）は一九〇一年——二十世紀最初の年に大統領になった。カウボーイ的な男らしさと、強いリーダーシップ。十九世紀から二十世紀初頭にかけ、アメリカの発展に寄与する。軍人、作家、狩猟家、探検家、自然主義者としても知られる。

熊のぬいぐるみで人気のテディベアは、セオドアの愛称「Ｔｅｄｄｙ《テディ》」に由来する。大統領に就任した翌年のことだ。熊狩りに出かけて瀕死の熊に遭遇。〝テディ〟はスポーツマンシップに反するとして撃たなかった。このエピソードから「テディベア」が生まれる。ローズベルトはそういうリーダーだ。

リーダーは先頭に立つ。背を見せる。どこへ向かって何をしようとしているか、背後に続く部下たちにすべて見せる。だから部下たちは全幅の信頼を置く。これが「導く」だ。

しかしボスは違う。姿を見せないで、部下の背後から怒声を浴びせる。何をしようとしているのか意図を隠してしまう。部下は疑心に足をすくませ、組織は弱体化する。

誰しも得手不得手《えてふえて》がある。能力も違う。だからローズベルトは言う。「あなたにできることをしなさい。今あるもので、今いる場所で」。一律に強いるのはボスのすることだ。部下を背後を自分の歩幅でついてくればいい——それが〝テディ〟のリーダー観である。部下を尊重すると同時に、組織のため、適材を適所に置いて使うということでもあるのだ。

23

諸君にはこれから
三倍働いてもらう。
役員は十倍働け。
俺はそれ以上働く。
——土光敏夫《どこうとしお》（実業家）

土光は第二次臨時行政調査会（鈴木善幸内閣時の諮問機関）で辣腕《らつわん》を振るい、「ミスター合理化」「荒法師」「行革の鬼」の異名を取る。ＮＨＫで放映された夕食のメニューがメザシに菜っ葉、味噌汁、玄米であったことから、「メザシの土光さん」とも呼ばれた。

石川島播磨重工業（現ＩＨＩ）社長、東京芝浦電気（東芝）社長・会長を歴任。経済界トップの旧経団連元会長である。

「荒法師」と呼ばれるだけに、社員に向けた言葉は激烈だ。「人間の能力には大きな差はない。あるとすれば、それは根性の差である」「会社で働くなら知恵を出せ。知恵のない者は汗を出せ。汗も出ない者は静かに去っていけ」。そして職場のリーダーたちにこう言って迫る。「上司がその椅子にしがみついていたら部下は育たない」

一九六五年、経営難に陥っていた東京芝浦電気再建のため、社長に迎えられた土光は、就任早々の訓示で掲載の言葉を宣言する。毎朝七時に出社し、誰よりも働いた。重役や幹部社員の出社時間が早まる。率先垂範――。名門企業の〝ぬるま湯体質〟に一本筋が通ったのだった。そして、土光は公私を峻別《しゅんべつ》した。専用車には乗らない。横浜・鶴見の自宅からバスと電車を乗り継いで都心まで出社する。自ら襟を正す、その〝もの言わぬ背中〟に部下は心酔し、信頼を寄せ、リーダーの言葉を胸に刻むのだ。

24

事は十中八九まで自ら
これを行い
残り一、二を他に譲りて
功をなさむべし。

――坂本龍馬
（幕末志士）

下働きは部下、手柄は自分で、失敗したらすべて部下のせい。そんな上司が少なくない。部下は自分を支えるために存在する——そう思っているからだ。ここに勘違いがある。部下に支えられて自分があるのだ。神輿《みこし》と同じで、担ぎ手が手を離せば地面に叩きつけられてしまう。だから担ぎ手に感謝の意を表してこそ、神輿はさらに高く掲げられる。掲載の言葉を人間関係術で読み解けば、そういうことになる。

幕末の志士・龍馬は時代を超えて人気だ。その下で働いてみたいと思う理想のリーダーの一人だ。だが、何をなしたのか問われると答えに窮する。薩長同盟に奔走し、大政奉還への道筋をつけた。龍馬の船中八策が「五箇条の御誓文」として新政府に受け継がれる。龍馬がいなければ明治維新は成らなかった。裏舞台で汗をかきながら功を譲る——ここに龍馬が人を惹《ひ》きつける理由がある。

人間心理に通じた田中角栄は官僚に花を持たせた。角栄が発案し、根まわしをし、手柄は手足になって動いた官僚のものにした。だから官僚たちは心酔し、神輿として担ぎ、角栄は政界をのし上がっていく。

人間には自己顕示欲がある。手柄を自慢したい。称賛されたい。だが、自慢の一言によって部下の気持ちは離れていく。リーダーの器は、「手柄を譲る」にあるのだ。

25

信頼してこそ人は尽くしてくれるものだ。

——武田信玄（戦国期の武将）

「信頼」と「尽くす」はどっちが先か。リーダーが信頼するから部下は尽くすのか、部下が尽くすからリーダーは信頼するのか。凡庸《ぼんよう》なリーダーは後者だ。部下の忠誠心を見て信頼する。だが「尽くしてくれるから信頼する」という発想はギブ&テイクである。「尽くし方が足りない、じゃあ信頼するのはやめよう」――こういうことになる。部下はどんな気持ちになるだろうか。ギブ&テイクの人間関係であれば間違いなく心は離れていく。

だから先に信頼せよ、と信玄は言う。信頼されたと感じたとき、「この人のためなら」と部下は奮起する。信頼に応えようとする。武士は己《おのれ》を知るもののために死すというが、これは武士に限らない。人間とはそうしたものなのだ。

だが、期待どおりいかないかもしれない。忠誠どころか裏切られるかもしれない。リスクは少なくない。だからリーダーは二の足を踏む。逆なのだ。リスクを承知で信頼を寄せるから、部下の心をつかむのだ。

「人は城、人は石垣、人は堀、情けは味方、仇《かたき》は敵なり」と、信玄は人間関係を喝破《かっぱ》した。組織は人材勝負だ。信望のないリーダーは〝裸の王様〟である。リスクを取って、先に部下を信頼できるかどうか。問うのは部下の忠誠心ではない。自分の度胸であり器なのだ。「風林火山」の武田軍の強さは、信玄の度胸と器の大きさにあるのだ。

26

人生に〝天職〟と呼べるものはないのかもしれない。いま就《つ》いている仕事を天職だと思って頑張るか、「本当は、こんな仕事、やりたくないんだ」と不平不満をいだきつつ、生活のために働くか。このちがいがあるに過ぎない。

――山本昌《まさ》（プロ野球選手）

「この仕事は自分に向いていないんじゃないか」――そんな思いがよぎるときがある。仕事を生き甲斐《がい》として、嬉々《きき》として働く人を見るとうらやましくなる。だが、自分に天職と呼べる仕事があるのだろうか。

元中日ドラゴンズの左腕・山本昌投手は、史上最年長で二百勝を達成し、「中年の星」として球界をリードした。苦節はあっても、野球選手が天職だと信じてきた。天職に就けたことを幸せだと心底思ってきた。「だけど」とこれまでの自分を振り返り、「天職などない」と取材で私に語った。

「よくよく考えてみると、偶然がいくつも積み重なってプロ野球選手になれただけ。偶然の一つがちょっとちがっていれば、学校の教師になって『これぞ、天職』と言って喜んでいるかもしれない」――そう言ってから、「いま置かれている境遇を〝天の配剤〟と信じ、最善の努力ができるかどうかで人生の幸不幸は決まるように思う」と結論する。

意に染まない仕事に就くこともある。正直、気が重い。だが、鬱屈《うっくつ》として過ごしても一日なら、いまある境涯《きょうがい》を天の配剤と信じて過ごしても同じ一日。天職は「ある」のではない。自分の気持ちひとつで「天職にする」ということなのだ。野球解説者として活躍する山本の解説がひと味違うのは、人生を見つめる焦点深度の深さによる。

27

黒子《くろご》みたいにいるべきだと。
自分の持っている音楽を
表明していく感じでは
全然ない。
ヒットすることがベスト。
それに殉ずる。

――筒美京平（作曲家）

ノー残業、育児休暇、リモートワーク、転勤拒否――。働き方改革の進展で労働環境は急速に改善されつつある。だが、その一方で、コロナ禍による経営環境の悪化を背景に、成果主義もまた急速に進展している。成果主義とは「稼げない者は去れ」という意味だ。これ以上の過酷な労働環境があるだろうか。

作曲家・筒美京平はシングル曲の売り上げ七五六〇万枚。歴代最多の記録を持つ。彼のヒット曲をメドレーで流せば、そのまま昭和史になる。その「最も売れた作曲家」が生前口にしていたのが、黒子としてヒットする曲、売れる曲を作るということだった。成果主義である。「それに殉ずる」とまで言い切るのだ。

筒美の仕事観は、バブル崩壊によって否定された。「仕事は生き甲斐にあらず」「仕事より家庭の幸せ」「会社より自分の人生」へと、時代は集団から個へと大きく転換した。だが、皮肉にも働き方改革と表裏をなす成果主義の進展は、私たちに歯車の一つ――筒美の言う黒子としての役割を求めるようになった。

部下のためを思い、筒美のように「成果に殉じよ」と言えば敬遠される。「成果なき者に未来はない」と言って尻を叩けばパワハラになる。厳しい言葉をかけるか、口を閉ざすか。部下の望む上司はどっちなのか。上司の「言葉力」が、いま問われるのだ。

28

人生に悩みがあるのではない、
悩みがあるのが人生なんだ。

――大沢啓二（プロ野球選手・監督）

親分肌、熱血漢、そして本質をズバリと口にする。「バッターってな、要は打ちゃいいんだ。ピッチャーは打たせなきゃいいし、ビジネスマンは会社に儲《もう》けさせりゃいい。ついでに監督はチームを勝たせればいいんだ」。取材で会ったとき、眉間に縦ジワを刻んで私に言った。ニコリともしない。冗談なのか本気なのか。「親分」と呼ばれて信望を集めた。大沢はそんな人だ。

悩みは万人に平等で、尽きず、逃れず。逃れられないものを逃れようとするのは愚かなことだとして、こんな言い方をする。「人間、生きてりゃ、悩みはつきない。社長は社長の、ぺーぺーはぺーぺーの悩みがあるわな。部長も悩めば、課長も悩むんだ。生きていくというのは、なかなかやっかいなもんさ。だから、悩みから逃れようなんて、虫のいいことは考えないことだ」

そして掲載の言葉を口にするのだが、大沢が信望を集めるのは、本質をついたあとで救いの一言をつけ加えることにある。悩みをサーフィンにたとえてこう続ける。「波に乗った数だけ上達するよな。それと同じで、悩みという波を努力というボードに乗って越えるたびに、生き方はうまくなっていくんだ。願ってもないチャンスじゃねぇか」。言われればば、なるほどと納得する。大沢親分は言葉のマジシャンでもあるのだ。

29

往《ゆ》く道は精進《しょうじん》にして、忍びて終わり、悔いなし。

――高倉健（俳優）

生真面目《きまじめ》、真剣、寡黙、不器用、気づかい――。高倉健を語るキーワードだ。掲載の言葉は高倉の座右の銘として、亡くなったときに紹介された。苦節の終わりなき道を耐え忍び、決して後悔しない――そんな意味だ。「健さんらしい」と共感を呼んだが、これは高倉の言葉ではない。経典『大無量寿経《だいむりょうじゅきょう》』に説く一節――「我行精進《がぎょうしょうじん》　忍終不悔《にんじゅうふけ》」を読み下したものだ。過酷なロケとなる『南極物語』の出発に先立ち、天台宗・酒井雄哉《さかいゆうさい》大阿闍梨《だいあじゃり》から授かったという。

だが、耐え忍び、後悔しないという「主語」は私たちではない。法蔵菩薩《ほうぞうぼさつ》（阿弥陀如来《あみだにょらい》）なのだ。法蔵菩薩が「自分が毒・苦に身を置いても、すべての人を救いきるまで精進して耐え忍び、決して悔いることはない」と誓っているのである。

酒井大阿闍梨がこの言葉を授けた意図はわからない。法蔵菩薩のように耐え、忍べという意味なのか、仏に案じられた我が身であるというさとしだったのか。だが、ストイックな高倉のことだ。「自分も法蔵菩薩のようにありたい」と心を震わせ、苦難を克服する勇気を得たことだろう。

高倉は座右の銘として腹に収めた。周囲に説くこともなかった。口を閉ざして生き方を語らず。これもまた「忍終不悔《しのびておわりくいなし》」であることを高倉は身をもって示したのである。

30

恥をかき続けた27年間を終わってみて、「人間は、恥ずかしさという思いに比例して進歩するものだ」と、気がついた。それが「修行」。「恥ずかしい」と感じることから進歩は始まる。

——野村克也（プロ野球選手・監督）

恥ずかしいことは隠すものだ。口にできないから苦しむ。高卒でプロ野球の世界に入った野村がルーキー当時、「俺、無知無学だから」と自らの劣等感を語ったとすれば、それは逆説的な自慢である。苦しみの本質は自分を恥じる劣等感からくるのではなく、悩んでいる自分を隠すことにあるのだ。

智将と称賛され、球界のトップリーダーの一人である野村が「恥ずかしい」と感じることをエネルギー源にして進歩につながったと語る。だが劣等感を飛躍のバネにしたというよりも、努力が報われて振り返ったとき、劣等感がバネであったことに気づくのだ。

プロボクシングの世界チャンピオンが引退後、テレビ局から解説者をオファーされて断った。「中卒の自分にしゃべれるだろうか」――自信がなくて断ったのだと、かつて取材したとき私に語った。あのときが人生の分かれ目だったかもしれないと気弱く笑った。

野村も引退後、テレビ解説者のオファーが来た。当時のプロ野球解説者は大卒のインテリばかりだったと野村は言う。それでも、野村は絶壁に爪を立てるようにしてよじ登り、世界チャンプはその場に立ちつくした。野村の言葉は私たちの心に刺さり、チャンプの言葉は素通りする。リーダーの言葉とは結局、体験なのだ。成功例でなくてかまわない。自分はかく思い、かく働き、かく生きてきた。体験で濾過《ろか》した言葉だけが部下の心を打つ。

31

藤井聡太《そうた》という才能によって
板谷《いたや》一門も照らされました。

——杉本昌隆（将棋棋士）

弟子が世に出る。師匠としてこれほど嬉しいことはない。私は「昇空館《しょうくうかん》」という空手会派を主宰しているので、師匠の気持ちはよくわかる。「あいつは私が育てたんだ」――そう言いたくなる。実際、手塩にかけたのだ。指導に苦労もした。その弟子が名をなしたとなれば、自慢したくなって当然だろう。

杉本昌隆八段は藤井聡太二冠の師匠である。ともに板谷四郎九段の流れをくむ板谷一門の棋士だ。弟子の快進撃で将棋を社会現象にまで高めた。自慢していい。「あいつが子どものころはねぇ」――メディアに対してそんな話し方をしても許される。

だが、杉本の藤井に関する言葉は師匠のものではない。テレビに出て藤井について語る口調は「二冠」に対するリスペクトがにじみ出る。名古屋で奮闘する一門の総帥《そうすい》として感謝の言葉さえ口にする。この謙虚な態度に、この師匠にこの弟子あり、と思った人も多いだろう。

部下は手駒ではない。上司は、会社という特定の組織で役職が上位であるに過ぎない。部下の手柄を踏み台にする〝自慢〟は恥ずかしいことなのだ。「私の力」「私の指導」ではなく、「彼のおかげ」「彼の努力」と讃《たた》える言葉に、周囲も、そして当の部下も心を寄せるのだ。

4章

失敗を次につなげる

失敗を認めないのは凡庸《ぼんよう》なリーダーだ。部下は萎縮する。チャレンジを避ける。だから成長はなく、組織の発展も望めない。

一流のリーダーはちがう。失敗は成功の糧《かて》として積極的に許容する。リーダーの多くが失敗体験を持ち、それが飛躍のバネになることを熟知しているからだ。失敗は成功の対極にあるのではなく、両者は二人三脚であることをリーダーの言葉は私たちに教える。

だが、失敗を許容するのは勇気がいる。忍耐がいる。だから優れたリーダーは尻を叩かない。自らの失敗や不遇時代の体験を言葉としてメッセージする。相手は安心し、思い切ってチャレンジし、たとえ失敗しようとも次の成功へとつながっていくのだ。

32

ＰＫを
外すことができるのは、
ＰＫを
蹴る勇気を持ったものだけだ。

——ロベルト・バッジョ（プロサッカー選手）

ロベルト・バッジョは「イタリアの至宝」と呼ばれた。一九九四年、FIFAワールドカップ（W杯）アメリカ大会でエースナンバー10を背負ってピッチに立つ。決勝戦の相手は王者ブラジル。両チーム譲らず、W杯決戦史上初のPK戦にもつれこむ。イタリアは2－3のビハインドで、五人目のバッジョを迎える。身がすくむような重圧のなかでバッジョが蹴る。ボールはゴールポストの遥か上を飛び越え、イタリア初制覇の夢はこの瞬間に潰《つい》えた。「PKを決めても誰も覚えていないが、外したら誰も忘れない」。呆然と立ち尽くしたバッジョは、そうつぶやいた。

そして四年後のW杯フランス大会。準々決勝でフランスと対戦したイタリアは、PK戦で五人目のビアッジョが失敗し、敗退が決まる。チームメイトだったバッジョが真っ先に駆け寄り、呆然と立ちつくすビアッジョに掲載の言葉をかけたのだった。

人間は激しく落ち込んだとき、慰めや励まし言葉では救われない。バッジョはみずからの体験でわかっている。だから勇気を讃えた。ゴールを外しはしたが、キミはあの重圧のなかで敢然《かんぜん》と蹴り込んだではないか――。バッジョは、この思いを一語に込めた。

讃えられた勇気は「次」につながる。失敗した部下に何と言って声をかけるか。リーダーの人格はここで試されるのだ。

33

コーチという言葉には、「人をある地点まで送り届ける」役目を担う人、という意味がある。ではコーチが馬車なら、選手はなんだろう。答えは「乗客」だ。間違っても、選手は「馬」ではない。コーチ、つまり指導者の仕事とは、選手を馬のようにムチで叩いて走らせることではなく、乗客である選手たちを目標の地まで送り届けることだ。

――佐々木則夫《のりお》（サッカー日本女子代表元監督）

二〇一一年、ドイツで開催されたFIFA女子ワールドカップで優勝。翌年のロンドン五輪で銀メダル。〝なでしこ旋風〟を巻き起こした佐々木監督は、異質の、新しいリーダー像としてビジネス界からも注目された。

カリスマ性で選手を引っ張っていくわけではない。怒声とは無縁。親父ギャグを飛ばし、選手は「ノリさん」と親しみを込めて呼ぶ。佐々木はノンバーバル（非言語）コミュニケーションによる意思疎通を理想とし、「十七歳の選手も、三十五歳の選手も私を〝ノリさん〟と呼べるような風通しのよいチームづくりを心がけています」と語る。掲載の言葉を別の言葉で言えば、スプリングボード（踏み切り板）になるということだ。監督と選手が主従関係になったのでは、一方的なコミュニケーションになってしまう。それだけは避ける——これが佐々木の監督哲学なのである。

だが、ここ一番において非情さも見せる。二〇〇八年の北京五輪でのこと。ベテランGKを補欠にして若手を抜擢《ばってき》した。情《じょう》は、非情さを見せることで生きてくる。情だけで選手の心はつかめない。情に棹《さお》させば、チームも自分も流されてしまう。情が選手の心をとらえ、信頼感へと昇華していくには、リーダーはその対極である非情さを併せ持っていなければならないのだ。計算されたコミュニケーション——ここにリーダーのキモがある。

即断、即決、即行。
失敗してダメだったら、
戻ればいいし、
止めりゃいい。

――似鳥昭雄《にとりあきお》（ニトリ創業者）

34

正解を探さない生き方——これが現代社会である。セオリーを金科玉条《きんかぎょくじょう》とした昭和の時代、生き方も働き方も人生も「かくあるべし」とされた。

だが、令和の新時代になって価値観の多様化により、正解は一つではなくなった。「かくあるべし」から「まず、やってみてのち、考える」という生き方が許容されるようになったのである。

それが似鳥社長の掲載の言葉だ。「間違えるな、熟考せよ」から一転、「失敗してダメだったら、戻ればいいし、止めりゃいい」。人生、何度でもやり直しがきく——似鳥はそう言っているのだ。

似鳥は北海道のインテリア専門店だったニトリを全国チェーンに育て上げ、小売業界の風雲児と言われる。常識を疑い、「幹部が反対したときほどチャンス」として改革に挑戦する。ヒット商品に安住することを戒《いまし》め、「売れているものを売れないようにしろ」と逆説的なハッパをかける。「うまくいくかどうかわからないものを、うまくいかせるのが経営者の仕事」と明快に言い切ってみせる。

セオリーにとらわれない。常識に縛られない。やってみてダメなら元に戻る。ニトリ躍進の原動力は、リーダーのこの人生観にある。

35

我々は失敗にも報酬を与えている。
機能しない照明器具を作ったチーム
全員にテレビセットを送ったこともある。
そうしないと社員は
新しい挑戦を避けるようになる。

――ジャック・ウェルチ
（ゼネラル・エレクトリック社元最高経営責任者）

ジャック・ウェルチは、トーマス・エジソンが十九世紀末に設立したゼネラル・エレクトリック（GE）を一九八一年から約二十年率いた。コスト削減とレイオフを断行。中性子爆弾になぞらえて「ニュートロン・ジャック」と批判された。中性子爆弾は、建物を壊さずに人間のみを殺す。ウェルチは従業員をランク付けし、ボトムの五パーセントを自動的に解雇した。

一方、ウェルチの手腕によって、家電メーカーだったGEは金融事業、航空機エンジン、医療機器などコングロマリットとして多国籍企業に発展。評価は一変し、フォーチュン誌は「二十世紀最高の経営者」と称賛する。毀誉褒貶相半《きよほうへんあいなか》ば——これがウェルチだ。

ウェルチの経営手法はリストラ、M&A、国際化の推進といったドライな面が強調されるが、「失敗にも報酬を与える」という彼の言葉は示唆に富んでいる。成功者に対してのみの称賛は、失敗は絶対に許されないことを意味する。部下や従業員を萎縮させる。失敗が許容されるからチャレンジでき、チャレンジできる環境が成功につながるのだ。

失敗をどう活かすか。ここにリーダーは目を向けるべきだ。温情ではない。組織活性化のための手法であり、同時に部下や従業員には救いにもなる。失敗に与える報酬は金品に限らない。「よく頑張った」——労をねぎらうリーダーの言葉も部下を奮い立たせるのだ。

36

僕はずっと失敗してきた。今までのどのビジネスでも一勝九敗くらい。唯一成功したのがユニクロです。

――柳井正《やないただし》（ファーストリテイリング会長兼社長）

ゴールにたどりつけば、すべてよし。過程を問わないのが、ビジネスと人生である。だから失敗を恐れるな、一勝九敗でいい――柳井はそう言う。失敗は成功の彩りと言ってもよい。サクセスストーリーの面白さは、曲折と失敗談にあるのだ。

柳井は大学時代、就職試験で大手商社を受けてことごとく落ちる。ジャスコ（現イオンリテール）に勤めるが九カ月で退職。山口県に帰郷し、ファーストリテイリングの前身となる家業の小郡《おごおり》商事に入社する。仕事の効率化を図ると、七人中六人の社員が辞めてしまった。苦労もし、失敗も重ね、曲折をへて「世界のユニクロ」になる。この経験から「一勝九敗」「致命的にならない限り失敗はしてもいい。やってみないとわからない」とする。

曹洞宗開祖・道元禅師の言葉に「今の一当《いっとう》は昔の百不当《ひゃくふとう》の力なり、百不当の一老《いちろう》（＝蓄積）なり」というのがある。的に当てた今の矢は、百回の外れを積み重ねたからこそのものであるという意味だ。当たらないからといって弓道をあきらめず、ひたすら修練を積むことで実力が養われていくと説く。

一矢《いっし》必中の精神も大事だ。一矢に全神経を集中して射るべきだ。だが、百不当が許容されてこそ、果敢な挑戦ができるのではないか。柳井の「一勝九敗」は部下には励ましを、そして上司には忍耐を説くのだ。

37

私の最大の光栄は、一度も失敗しないことではなく、倒れるごとに起きるところにある。

――本田宗一郎《そういちろう》

（本田技研工業創業者）

成功は誰でもするとは限らないが、失敗なら誰もがする。だから成功者の全員が失敗体験を持つ。問題は失敗したときにどうするか。宗一郎は起き上がった。倒れるたびに起き上がった。そして、そんな自分を振り返って光栄として誇った。「世界のホンダ」は、町工場から身を起こした宗一郎の〝失敗の集大成〟なのである。

二十九歳でピストンリングの会社を興して大失敗する。妻の物まで質屋に入れた。自動二輪の成功を引っ提げ、四輪乗用車の生産に乗り出したときも惨敗した。勝負をかけた軽自動車「N360」が大ヒットするが、宗一郎はここから地獄を見る。

アメリカで自動車の安全性をめぐる消費者運動が起こり、それが日本に飛び火。ベストセラーカーであるN360がターゲットにされた。同車が関係する死亡交通事故と欠陥性との因果関係をめぐり、消費者組織がホンダを東京地検へ告訴したのだ。不起訴処分にはなったが、N360は発売中止に追い込まれる。企業存亡の機で宗一郎は再び起き上がる。世界に先駆け、アメリカの排出ガス規制をクリアするクリーンエンジンの開発に成功して海外に飛躍していく。

宗一郎に失敗は山ほどあっても挫折はない。挫折がなければ失敗は途中経過にすぎない。だから何度でも起き上がれる。リーダーが起き上がれば部下も組織もそれに続くのだ。

38

無冠の人となったのは、
自分が駄目になったのではなくて、
天が与えてくれた休暇だと考え直した。
そう思うと、急に気持が落着いてきた。

——大山康晴（将棋棋士）

い、守りは最大の攻撃なり。このことを教えるのが「大山将棋」だ。攻めの手駒を惜しげもなく自陣の守りに投入する。「そこまでやらなくても」――将棋ファンはそう思う。用心深く、粘りのある棋風はいかにも地味だった。だが大山は五つの永世称号（十五世名人、永世十段、永世王位、永世棋聖、永世王将）を持ち、優勝回数四十四回、通算一四三三勝はともに歴代二位。日本将棋連盟会長として棋界の発展に尽力した。いまも将棋界に燦然《さんぜん》と輝き続ける巨星なのである。

その大山が五十歳を目前にして無冠になった。勝てない。悶々《もんもん》とし、半ば自棄にもなった。そして判然とさとる。タイトルはいったんは返上したがこれから改めて取りにいくのだ。「天が与えてくれた休暇」と自分に言い聞かせ、棋風そのままに「気持ち」の守りを固める。「そう割り切ったとき、ふしぎと重患のスランプが癒えたように思う」――自著にそう記す。直後、十段位と棋聖位を取り返すのだ。

思うにまかせぬとき、私たちは浮き足立って攻めに出る。だから結果が出ない。あせることはない。脇を固め、足下《あしもと》を踏みしめる。桜は根を張って爛漫《らんまん》に咲き誇り、杉は天に枝を伸ばしていく。守りという土台を強固にすれば、おのずと勝機は訪れることを、大山はスランプのどん底で体得した。人生にムダはないのだ。

39

私の将棋は
王将取られてからが
強いんです。

——ガッツ石松（プロボクサー）

ガッツ石松は「天然キャラ」が持ち味だ。笑わすのではない。笑われることで芸能界に地歩を占めた。元WBC世界ライト級チャンピオン。タイトル防衛五度という偉業を果たし、日本ボクシング界を牽引《けんいん》したあと俳優・タレントに転向して人気を博す。

彼と書籍の仕事をしたときのことだ。掲載の言葉に対して私が「王将を取られたら将棋は負けでしょう」とツッコミを入れると、真顔でこう言った。

「王将を取られて〝ハイ、負けました〟というのは余裕のある人の話。俺の人生はそんなんじゃない。王将を取られたって負けるわけにいかなかったんだ」

栃木県の田舎町で、赤貧《せきひん》洗うがごとしの少年期を過ごす。天井から雨漏りがする。寒風がボロ家を吹き抜けていく。ラーメンを初めて知り、匂いに生唾《なまつば》を飲んだのは中学二年生のときだった。悪ガキで、家庭裁判所にも出頭した。ボクシングで身を立てようと決意し、住み込みの仕事を得て上京するも挫折。失意のうちに一度はボクシングを断念もした。

「王将を取られてからが強い」という彼の言葉は、「私の人生は挫折してからが強い」ということを、彼一流の天然キャラが将棋に置き換えて言わせたのだろう。王将を取られても盤上の駒を進める。自分が認めない限り、〝人生将棋〟に負けはない。

40

皆さんの言い分は
よく分かった。
松下が悪かった。

——松下幸之助《こうのすけ》(パナソニック創業者)

松下幸之助は九歳で大阪船場《せんば》の火鉢店に丁稚《でっち》奉公に出され、一代で松下電器産業（現パナソニック）を築きあげた。二十二歳で起業するもうまくいかず、銭湯代にも事欠く困窮の時代もある。激流を遡《さかのぼ》るようにして事業を発展させてきた。だから松下語録には「あきらめるな」という励ましが多い。「失敗すればやり直せばいい。やり直してダメなら、もう一度工夫し、もう一度やり直せばいい」。理屈ではない。体験から紡ぎ出される言葉だ。

一九六四年、東京五輪開催を契機に家電製品のダンピング競争が起こる。松下電器傘下の販売店の多くが赤字に転落。松下電器にとって戦後最大の危機だった。打開のため、熱海のホテルに全国から店主が集められた。「このままでは倒産する！」「どうしてくれる！」――経営責任を追及する声に対して、「売る努力が足りない」「血の小便を出したことがあるか」と幸之助が反論する。

会議は平行線のまま三日目を迎える。松下は登壇すると深々と頭を下げて言った。「皆さんの言い分はよく分かった。松下が悪かった」「共存共栄の心を説きながら、それを忘れてしまい、経営悪化を招きました。きょうから松下電器は生まれ変わります」。会場は水を打ったように静まる。この誠意ある態度が販売店と会社の結束を強め、松下電器は創業以来の驚異的な売り上げを記録する。リーダーの真摯な言葉は人の心を動かすのだ。

41

一度も間違ったことのない人はいないだろう。いるのであれば、それは、何にも挑戦しなかった人だ。

――ウィリアム・ローゼンバーグ（ダンキン創業者）

歩き出せば転倒のリスクがある。立ち尽くしていたのでは、つまずくこともないかわりに前には一歩も進めない。つまずいていい、失敗していい――ローゼンバーグはそう言い切る。三十四歳で母国アメリカでドーナツ店を開業。フランチャイズ制の導入で、現在、世界三十六カ国に一万一千店舗以上を展開。世界最大のドーナツチェーン「ダンキンドーナツ」(現ダンキン)をつくりあげた。

創業から七十年。ドーナツを主力商品としつつ消費者のニーズに合わせ、変化に対応してきた。時代に即応してデジタル化への対応、ロイヤルティ・プログラムの充実を推進し、試行錯誤を繰り返してきた。歩き続ければつまずきもする。だが、挑戦なくして失敗なく、失敗なくして成長はない。ノウハウとは失敗の集積が導き出すものなのだ。

ローゼンバーグと同じことを、物理学者・アインシュタインが言っている。「失敗や挫折をしたことがない人とは、何も新しいことに挑戦したことがないということだ」

口で言うのは簡単だ。成功者だから言える――そう思ったりもする。だが、成功者とは挑戦と失敗の体現者なのだ。だから彼らの短い言葉には人生の要諦《ようてい》が詰まっている。挑戦と失敗は対極にあるのではなく、二人三脚であると知れば心置きなく挑戦することができる。成功は挑戦の先にあるのだ。

42

自分はなんて運がないんだろうと嘆く人がいますが、最善というのは最悪から生まれてくるものです。

――藤田田《でん》（日本マクドナルド創業者）

人生に失敗はつきものだ。進退窮《きわ》まることもある。だが最悪の事態とは、海に沈み、海底に足が着いた状態だ。それ以上は沈みようがない。息苦しさに耐え、海底を足で蹴れば海面に向かって浮上するばかりとなる。このことを藤田は「最善というのは最悪から生まれてくる」とする。八方塞《ふさ》がりになろうとも、胸を弾ませこそすれ、絶望などする必要はまったくないのだ。藤田は言う。「私は人生というものはなるようにしかならない、と考えている。だから最悪の状態が来てもジタバタしない。これ以上悪くならない。そう思って落ち着いている。今が最悪だからこれからよくなる。そう思ってがんばる」

藤田は東京大学法学部時代、米軍通訳の仕事を通じてユダヤ人たちと知り合い、「ユダヤ商法」――すなわちユダヤ人が実践するビジネスノウハウに傾倒。在学中に輸入雑貨販売店「藤田商店」を設立し、のち「日本マクドナルド」「日本トイザらス」「日本ブロックバスター」を創業。カリスマ的経営者として名を馳《は》せる。

成果は努力に比例するとは限らない。これが人生の実相である。だが、運だけで世間を渡っていけるほど甘くもない。棚の下まで努力して歩いて行くからボタモチという僥倖《ぎょうこう》に恵まれる。努力と運は成功のための両輪――藤田の言葉を噛み砕けば、そういうメッセージになるのだ。

43

成果とは
つねに成功することではない。
そこには、間違いや失敗を
許す余地がなければならない。
——ピーター・ドラッカー（経営学者）

成果を出すために失敗を許容せよ――。「経営の世界的権威」ドラッカーの言葉が、いまもビジネス・パーソンの心を揺さぶる。挑戦なくして成果を出すことはできない。なるほど、と思う。だが、口で言うほど簡単ではない。単純でもない。「かまわないから大いに失敗しろ」――上司にこう言われて鵜呑《うの》みにする部下がいるだろうか。

間違いや失敗はマイナス査定だ。成功実績を階段として一歩ずつ上がっていく。これを出世と言う。だから誰もが手柄を目指す。このことに異論はあるまい。ところがドラッカーは「成果とはつねに成功することではない」と言う。成果至上主義ではなく、部下の失敗を許容する余地を持たなくては組織の発展はないというのだ。

だが、「成果を出させるために失敗を許す」は矛盾である。「成果を目指す部下」と「失敗を許容する上司」との間に齟齬《そご》が生じる。この矛盾と齟齬にどう整合性を持たせるか。

それはリーダーの人間力である。「思い切ってやれ、骨は拾ってやる」という一語に部下がどれだけ信頼を寄せるか、ここにすべてがある。「成果を出せ」と尻を叩くのは簡単だ。先頭に立って引っ張るのは、容易ではないが腹をくくればできる。だが、「失敗していい」という一語を部下に納得させるのは人間力以外にない。間違いや失敗を許す余地とは、リーダーの全人格のことを言うのだ。

5章

不安を力にする

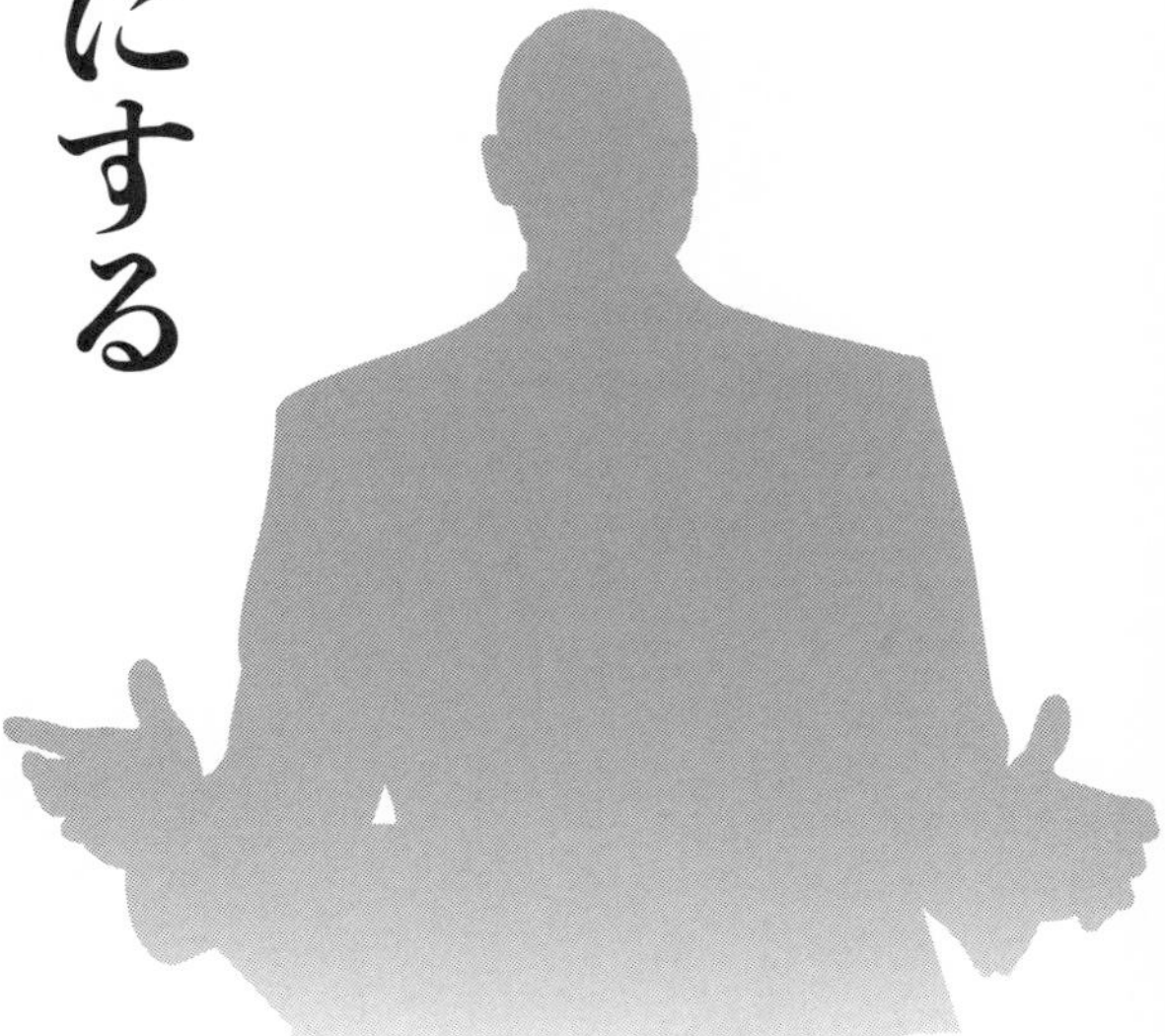

不安は常に影のようにつきまとう。日差しの強さに比例して影が濃くなるように、前途に希望を抱けば抱くほど不安は増していく。押しつぶされそうになる。自分を叱咤《しった》し、奮い立たせようとも、不安は暗雲のように立ちこめたままでいる。

リーダーたちも不安に葛藤した。苦しんで苦しんで、それぞれが〝自分流〟をつかみ取る。不安を押さえ込むのではない。逃げるのでもない。立ち向かうのでもない。不安を飼い馴らす者もいれば、前だけを見つめて突き進む者もいる。あえて努力をセーブする者もいる。

いかに自分の心を操るか。この一点にすべてがある。

44

もしも土壇場《どたんば》で風邪をひいたり
ケガなんかしたら、
スタートラインにつけない。
いま、『せっかく』ここで
風邪をひかせてくれた、
ありがたく休めということなんだ。

――小出義雄《こいでよしお》（マラソン選手指導者）

豪放磊落《ごうほうらいらく》な性格、そして酒豪。小出義雄は有森裕子、高橋尚子《なおこ》、鈴木博美ら錚々《そうそう》たるマラソン選手を何人も育てた。名伯楽《めいはくらく》と呼ばれ、その指導法は「小出マジック」と称された。

二〇〇〇年、シドニー五輪直前のことだ。私が住む千葉県佐倉市の居酒屋で小出監督と一緒になった。同市は小出監督の郷里で練習拠点。「まもなく日本を発つ」という監督は清酒「八海山《はっかいさん》」の一升瓶をかかえてご機嫌だった。「小出マジック」について質問すると、こんな言い方をした。「飲みに行って隣に座ったホステスが口説けるかどうか。それが見抜けなければ指導はできない」――ホステスをたとえとした心理術だと私は解釈した。

後年、有森裕子選手に取材したときこの話をした。「せっかく」という言葉が心に残っていると彼女は言った。「せっかく故障したんだから、しっかり休もう。〝せっかく〟という言葉をつけ加えることでマイナスをプラスにしてしまう。まさに〝マジック〟でした」

掲載の言葉は高橋尚子が風邪をひいたときにかけたものだ。高橋がケガで世界陸上選手権を棄権して泣いたときはこう言った。「せっかくケガをしたんだから、これから気をつけよう、って思えばいいんだよ」。この棄権があったからのちのシドニー五輪で金メダルが獲れたと小出は自著『育成力』（中公新書ラクレ）に書く。「名伯楽の一言」には人生をも変える力がある。

45

カネは頭を下げて渡せ。

——田中角栄（政治家・元首相）

おカネは、もらうより与えるほうがはるかに難しい。ところが、このことに無頓着《むとんちゃく》のリーダーは少なくない。「おカネをもらって喜ばない人間はいない」と安易に考える。だからつい〝上から目線〟になってしまう。悪気はない。太っ腹なところを見せたと自分ではいい気分になっている。だから部下の心をつかむことができないのだ。

部下は丁重に礼を口にしても、内心は忸怩《じくじ》たる思いに苦しんでいる。「ありがたい、助かった」という思いが強ければ強いほど、反作用としてみじめな思いは強くなり、この思いがリーダーに対する反発に転じてしまう。この人間心理を知らず、得意になって〝上から目線〟でおカネを渡すと、相手の心をつかむどころか敵愾心《てきがいしん》さえ生むことになる。

だから角栄は、「これ、使ってくれんか」と相手の顔を立てる。立候補者にとって命綱となる選挙資金を届けるときもしかり。「頭を下げて渡せ。くれてやると思ったら、それは死にガネになる」——秘書にそう厳命する。

少年時代から辛酸《しんさん》をなめた苦労人だけに、おカネを与えることの難しさと機微を骨身にしみて知っている。強い立場の人間がへりくだるのだ。ここにリーダーとしての角栄の魅力の原点がある。情《じょう》と気づかいに心を揺さぶられた人間が集まり、鉄の結束を誇る田中軍団が形成されていくのだ。

46

心配したって事態は良くならない。私もいろいろなことを心配するが、ダムからあふれる水までは心配しない。

――ウォルト・ディズニー
（ウォルト・ディズニー・カンパニーの共同創業者）

心配と不安。この二つから逃れるのは難しい。「心配したって仕方がない、不安は気の持ちよう」――そう言い聞かせてみるが、人生に懸念を抱いているときなど心配と不安に押しつぶされそうになる。

ウォルト・ディズニーもそうだった。貧しい幼年期。絵や漫画に魅せられ、アニメーターをへてウォルト・ディズニー・カンパニーを設立。資金繰り、著作権をめぐるトラブルなど、苦節と波乱を克服して「夢と魔法の王国」を築き上げていく。眠れぬ夜もあった。最善を尽くし、「やるだけやった」と自分に言い聞かせることで心配と不安を封じ込めようとした。

これで本当にうまくいくのだろうか? 最善を尽くしてなお、心配と不安は影のようにつきまとう。感情は理屈を超えた先にある。それが私たちだ。

だが、それを認めた上でディズニーの言葉を噛みしてみる。最善を尽くしたのなら、もうあれこれ心配するのはよそうじゃないか――。気持ちが楽になってくる。

そしてディズニーはこうも言う。「失敗したからって何なのだ? 失敗から学びを得て、また挑戦すればいいじゃないか」。こうして不安は力に変わっていく。子どもたちに夢を与えるディズニー・カンパニーのリーダーは、大人の私たちには勇気を与えてくれるのだ。

47

無理して明るい展望を描くより、
心の中から湧き上がってくる
不安を大事にした方が、
努力につながると思っています。

——矢野博丈《ひろたけ》
（大創産業創業者）

自分をけしかける方法に二つある。一つは不安に目をつむり、前途に希望を掲げ、それに向かってひたすら進んでいく方法。もう一つは、その真逆。不安をあおり、尻に火を点けｔ、前に駆け出して行く方法である。

矢野博丈は後者だ。一代で〝百均王国〟を築いた人間でありながら、発言はネガティブなものが多い。「やってきたことがいいか悪いかは、ダイソーが潰れる時にならんとわかりません」。メガバンクの頭取と食事しながら「これからうちもどうなるかわかりません。御迷惑をかけるかもしれません」――そんなことを口にする。

矢野の言葉は本音だ。誠意と言ってもよい。実際、その半生は不安が常に尻に火を点けている。妻の実家のハマチ養殖業を継いだが、三年で倒産して夜逃げ。九回の転職を重ねたあと、トラックで雑貨の移動販売。そして百円均一の「大創産業（ダイソー）」を興すが、スーパーのダイエーから締め出されるなど苦労の末、現在の成功に至る。

夢は描くもの、不安は克服するもの――私たちは、そう考える。矢野は、不安は大事にするものだと考える。苦節のリーダーにこう言われると安堵《あんど》する。不安に苦しむときに無理して明るい展望を描くことはないのかもしれない。思い切って尻に火を点けてみる。これも「あり」なのだ。

48

私の習慣は何だろうと
改めて考えてみると、
何かを「する」のではなく、
「しない」ことを
決めることかもしれません。

——星野佳路《よしはる》（星野リゾート社長）

長期化するコロナ問題に対して、星野は「マイクロツーリズム」を打ち出した。遠方から「ご近所」を楽しむ旅へ――。価値観を逆転させ、観光業界が生き残る方向性を示した。冷静に、論理的に、しかし意表をつく発想が星野の持ち味だ。国内外に五十九施設を運営。観光業界のリーダーの一人である。

星野は常に本質を問う。疑ってかかる。「なぜ旅行は《遠》なのか」という自問から、地元という《近》を導き出してみせた。日常生活においてもそうだ。ゴルフや会食のつき合い、さらにスーツ、社用車、社長室に何の意味があるのかを自問し、すべてをやめてしまう。「意味のないことをやめると、精神的に身軽になれます。ただでさえ仕事はストレスフル」――仕事のパフォーマンスを高めるにはストレスコントロールが不可欠だとする。リーダーのパフォーマンスは即座に部下に影響をおよぼす。

だが、「しない」を決めるのは簡単ではない。リーダーは不安から「あれもやれ、これもやれ」と命じたくなる。コンピュータ企業デル創業者のマイケル・デルは言う。「『すること』を決めるのは簡単だ。難しいのは『しないこと』を決めることだ」。仕事を精査し、「それ、やらなくていいぞ」と、勇気をもって部下に言えるかどうか。これもまたリーダーの資質の一つなのだ。

49

焦ってはいけません。
私は急ぐ人間が
成功したのを見たことがない。

——愛田武（愛田観光元社長）

「男芸者」――かつてホストはそう呼ばれた。職業に貴賤《きせん》はないが、働き方に貴賤を問う。これが日本社会だ。だが、彼らは腕一本で稼ぐ。ビジネス社会が能力主義となった現在、ホストの仕事術は働き方の貴賤を超え、ノウハウとして注目される。

愛田武は、歌舞伎町ホストクラブ協力会初代会長。経営者として業界のリーダー的存在だった。業界の「レジェンド」と呼ばれる。農業が嫌で新潟県の田舎町から上京して、フランスベッドに入社。営業成績全国ナンバーワンを記録してのち、曲折をへてホストの世界へ。だが、イケメンではない。背も低い。田舎出身というコンプレックスもある。愛田は話術に活路を見いだし、やがて経営者に転じて成功する。

かつてホスト業界をテーマに私が愛田を取材したとき、愛田は「先を急ぐ人間は必ず失敗する」と繰り返した。自著にもこう記す。「一歩ずつ上《のぼ》っていくべき階段を二段飛ばしで駆け上ってもあとが続きません」「『急がば回れ』と心の中で唱え、深呼吸を繰り返すといいでしょう」（『ホスト王・愛田流　天下無敵の経営術』河出書房新社）。

不安が焦りを生む。焦りは空回りし、さらに不安を呼び込む。負のスパイラルである。激烈なホスト業界で勝ち上がった「レジェンド」は、体験から「焦るな」とエールを送る。あわてず、まず深呼吸してみる。不安は力に転じる。

50

回り道が近道のことがある。
それが人生だ。

——牧野昇

（三菱総合研究所元会長）

迂回《うかい》、遠回り、足踏み――。前途に掲げた目標に一歩として近づけていない。自分はいったい何をやっているんだろう。どこかに最短ルートがあるはずだ。どこだ、どこにあるんだ……。山頂を仰ぎ見て焦燥感にかられる。誰しも経験があるのではないだろうか。

遊んでいるわけではない。怠けているわけでもない。努力をしているにもかかわらず、仕事も人生も思うようにいかない。空回りばかりする。そんなときはどうすればいいのか。「回り道が近道のことがある」と牧野はさとす。迂回よし、遠回りよし、足踏みよし。心配することも、焦ることもないぞ――そう言ってくれるのだ。

三菱総合研究所の元会長を務めた牧野は、経済、産業、技術、経営におけるトップリーダーの一人として活躍した。順風満帆《じゅんぷうまんぱん》の人生ではない。振り返って「五転び」と自著に記す。回り道をした。だが、それが結果として近道であったとするところに、人生の妙と不思議があるということか。

イチロー選手に「遠回りこそ一番の近道」という言葉がある。牧野同様、山頂を極めた人間は近道を是《ぜ》としない。長い道のりが、気づきや忍耐という不可欠の能力を磨いていくとする。あせることはない。淡々と目前の道を進んでいけばいい。最短ルートを探す自分に気づいたら、牧野の言葉を思い浮かべてみることだ。

51

稽古《けいこ》であまり自信がついても
よくないんです。
〝やりきった〟という
思いになって、
空回りするんですね。

――白鵬《はくほう》
（横綱）

白鵬がモンゴル出身でなければ人気はまるっきり違っていたのではないか。史上最多の優勝四十四回。大鵬三十二回、千代の富士三十一回、北の湖二十四回――昭和の大横綱三人の優勝回数をはるかに超える。大志を抱いて来日した当時、小柄の白鵬少年は相手にされなかった。そこから這い上がった。大記録の称賛と立志伝において、「土俵の鬼」と謳《うた》われた初代若乃花をもしのぐ。

だがメディアは、日本人力士をモンゴル出身力士に対置することで相撲人気を煽《あお》った。「横綱の品位」を持ち出して叩いた。偏狭なナショナリズムの壁を乗り越え、白鵬は今日の記録を打ち立てたのである。

リーダーと実績は不可分だ。体験を濾過《ろか》した言葉だから相手も真摯に耳を傾ける。掲載の言葉に続けて「あえて調子を落として場所に臨むのがいいんです」と白鵬は言う。不安が生まれ、それがいい緊張感になるとする。万人に通用する方法かどうかはわからない。不安で自分を追い込め――そう言っているのかもしれない。受け止め方はさまざまだろう。だが、大横綱が「不安」を口にし、不安でモチベーションを高めていると本音をさらけ出してみせる。だから他の力士たちは奮起する。角界のトップリーダーとしての非凡さが、ここにある。

52

多少の間違いなんか忘れろ。
失敗も忘れろ。
自分がいま、これから
しようとしていること以外は
全部忘れてやろうじゃないか。

――ウィリアム・デュラント
（ゼネラル・モーターズ創業者）

過去にもどってやり直すことはできない。わかっていながら、「もし、あのときこうしていれば」と後悔するのが私たちだ。後悔はぬかるみのようなもので、踏み入れると足を取られてしまう。前に進めなくなる。だから失敗なんか忘れろ——デュラントは明快に言ってのける。

デュラントは馬車製造販売事業で財をなし、自動車産業創成期にゼネラル・モーターズ（GM）を創業した。経営危機に直面し、経営権を剥奪されたこともある。曲折をへて復帰を果たすと、経営を立て直し、世界のビッグカンパニーへと成長させていく。多くの失敗もした。間違いもした。その経験が、失敗も忘れろ——という一語に凝縮されている。

だが、忘れるのは難しい。後悔に苛《さいな》まれる。どうすればいいか。前を見る。前だけを見る。前途に夢を描き、そこに向かって歩いていく。歌人で劇作家の寺山修司が言う。「振り向くな、振り向くな、後ろには夢がない」。過ぎ去った日々は現実であって、夢は存在しない。存在しないものを探すのは愚かなことではないか。

人間の目は前を見るように配置されている。後ろを振り向きながら歩くとつまずく。私たちは前を見て歩いていくようにできている。この当たり前のことを、デュラントの言葉は再認識させてくれるのだ。

53

よっしゃや、そのままでいい。

——仰木《おおぎ》彬《あきら》（プロ野球監督）

選手たちの人望において、セ・パ両リーグを通じた歴代監督のなかで仰木の右に出る者はいない。野茂英雄、吉井理人《まさと》、イチロー、長谷川滋利《しげとし》、田口壮《そう》など錚々たるメジャーリーガーたちを育てた。孤高と言われるイチローですら「僕の唯一の師匠です」と公言する。

なぜ、仰木に人望があるのか。一九九〇年、野茂が社会人野球から入団してきたときのことだ。〝トルネード投法〟のためコントロールが定まらない。球団首脳がフォームの矯正を指摘した。野茂は好きに投げさせて欲しいと仰木に申し出る。仰木はうなずいて、あっさり言った。「よっしゃ、そのままでいい」。この信頼に野茂は燃え、十八勝をあげる。

イチローも同様だ。仰木が監督に就任したとき、〝振り子打法〟にこだわるイチローは二軍に落とされていた。仰木はイチローを面白いやつだと思う。そして天分を認め、打法に一切の注文をつけないでレギュラーに抜擢。イチローは首位打者を獲得する。

仰木は自分の価値観や経験を選手に押しつけない。個性を認め、それを伸ばしてやる。だから選手は信頼に応えようと渾身《こんしん》の努力を傾注する。これが仰木流なのである。

だが、選手の個性を認めるのは難事だ。うまくいくとは限らない。放任と紙一重だ。だから責任は監督が取らなければならない。それを承知で選手にまかせきる。リーダーのこの度量に選手たちは惹《ひ》きつけられるのだ。

54

私はいつも自分に四つのことを
言い聞かせている。
耐えること。
やりとげようとする気迫を失わぬこと。
失敗は忘れ、
常に次の手を考えること。
そして「素早い気分転換」だ。

——青木功（プロゴルファー）

芽が出なければ腐る。自暴自棄になる。自分はこの世界でやっていくのは無理ではないのか。不安にもがく。青木功がそうだった。プロテストに合格後、国内ツアー初優勝まで七年、世界に出て行くのはそこからさらに七年を要し、三十半ばを過ぎてからだった。

どん底時代、青木は酒に逃避する。泥酔し、周囲に当たり、苦しんだ。初優勝しても逆風の中にいた。善戦しながら大フックで自滅し、「しゃんめぇ」——自分に言い訳した。

掲載した「四つの言葉」の真逆が当時の青木だった。ちょっとしたミスショットですぐに嫌気がさす。投げやりになる。失敗にいつまでもこだわる。そして次の手を考えることなく酒を飲んだ。ゴルフ場経営者からの応援という僥倖《ぎょうこう》を得て這《は》い上がらなければ、のちの青木はない。日本ゴルフツアー通算五十一勝。名ゴルファーとして一時代を画し、二〇一六年、日本ゴルフツアー機構（JGTO）会長に就任する。

青木は曲折の競技生活を振り返って「うまくいくことを前提に立てたゲームプランなど妄想にすぎない」と言う。「ゲーム」を「仕事」と「人生」に置き換えれば私たちになる。悲観的になる必要はない。だが、覚悟だけは必要だ。そして思うにまかせず酒に逃げたくなったとき、青木の「四つの言葉」を自分に言い聞かせる。あの青木だって——そう思えば、ムクムクと勇気が湧いてくるに違いない。

6章

壁を乗り越える

壁に当たって前に進めなくなったとき、どうすればいいのか。方法は五つしかない。乗り越えるか、ぶち壊すか、迂回するか、立ちつくすか、引き返すか。

一流のリーダーは決して足を止めない。引き返しもしない。前に進むため全力を傾注する。敢然と挑む者、迂回する者と挑戦の仕方はさまざまだが、彼らに共通するのは、ただ一点。壁というものをどう捉えるか——ここにおいて揺るぎない信念を持っている。

その信念を、リーダーたちが言葉にして私たちに語りかける。自分が壁にぶつかったとき、壁の前で立ち往生している人にアドバイスするとき、彼らの言葉が不屈の勇気を与えてくれるにちがいない。

55

運命よ、そこをどけ！俺が通る。

——マイケル・ジョーダン
（プロバスケットボール選手）

掲載の言葉は意訳した日本語だとも言われる。「どけ！」と叫んだ相手は運命ではなく、ディフェンスで立ちふさがった敵だとの説もある。本当のところはわからない。わからないが、ジョーダンなら運命にさえ「どけ！」と言うだろう。スキンヘッドの「バスケの神様」である。意訳としても、これほどジョーダンに似合う言葉はない。十五年間の競技生活で五度のシーズンＭＶＰ、六度のＮＢＡファイナルＭＶＰ受賞、得点王十回、そしてシカゴ・ブルズを六度のＮＢＡチャンピオンに導く。

世界一の負けず嫌いだと評される。試合に敗れても「時間がなくなっただけだ」と言ってのける。「高校時代は代表チームの選考から漏れた。私は九千回以上シュートを外し、三百試合に敗れた。決勝シュートを任されて二十六回も外した。人生で何度も何度も失敗してきた。だから私は成功したんだ」。試合のミスも人生のつまずきも、成功への足がかりに過ぎないとする。

「運命よ、そこをどけ！　俺が通る」――強烈な自負と自信である。私たちもそう言ってみたい。だが、私たちはジョーダンではない。ならば運命だからという理由だけで、意に染まない現状を受け入れるしかないのだろうか。違う、とジョーダンは言うに違いない。意志があれば変えられる。ジョーダンの言葉が我々の胸を震わせる理由はそこにある。

人生に幸せを求めること自体、
勘違いなんだよ。
世間じゃよくどうせ死ぬんだから
楽しく生きようなんていうけど、
オイラは逆で、
どうせ後で死んで身軽になるんだから、
生きてるうちにヒドイ目に会おう、
辛く生きようと思っている。

——北野武（コメディアン・映画監督）

56

一九八〇年代、「ツービート」としてお笑い界を席巻したときのことだ。私は「ビートたけし」にインタビューした。彼は言った。「夜中、飛び起きて枕元のネタ帳に書いたんだ。『どこの馬の骨かわからない牛の骨』。朝、読み返してみて、何だ、くだらねぇ」。枕元のメモ帳という努力の舞台裏を見せ、それを逆手に取って笑いを誘ってみせたのだ。

一九九四年八月二日、たけしはバイク事故で瀕死の重症を負う。顔にチタン合金が埋め込まれた。左右のバランスが合わない、眼球も動かない。それでも入院から五十六日目、記者会見を開き、ゆがんだ顔をテレビにさらした。「どうだ、こんなになっちまったぞ。見てみやがれ」――自著『全思考』（幻冬舎）にそのときの心境を記す。人前には出られまいという世間の思いを逆手に取り、笑いに昇華させたのである。記者会見から三年後の一九九七年、「北野武監督」は『HANA-BI』で第五十四回ヴェネツィア国際映画祭で最高賞「金獅子賞」を受賞する。

「生きてるうちにヒドイ目に会おう」「辛く生きようと思っている」――。価値観を逆手に取って人生の壁を乗り越えていく。これが〝たけし流〟である。『赤信号、みんなで渡れば怖くない』。シニカルな「毒ガス標語」以来、彼はブレることなく逆説の人生観を貫いてみせる。

成果が出ないときこそ、
不安がらずに、恐れずに、
迷わずに一歩一歩
進めるかどうかが、
成長の分岐点であると
考えています。

——羽生善治《はぶよしはる》（将棋棋士）

57

二〇一七年、四十七歳で将棋界初の永世七冠（竜王・名人・王位・王座・棋王・王将・棋聖）を達成。翌年、国民栄誉賞が贈られる。安倍首相（当時）は表彰式でこう讃えた。「歴史に刻まれる偉業を達成し、多くの国民に夢と感動を、社会に明るい希望と勇気を与えた」――。「最強の棋士」と呼ばれる。

羽生に激烈な言葉はない。知的な風貌と理詰めの語り口で、足踏みに悩む者に寄り添う。不安がらないで、迷わないで、一歩一歩だよ――将棋での経験を人生論に昇華し、背をやさしく押してくれる。

二十五歳の若さで七冠制覇。三十八歳で史上初の永世六冠となったのち、無冠となり、そこからリベンジしていく。「最強」と讃えられるがゆえの苦悩は想像を絶するものがある。「遠回りしながらも、もがいて身につけたものの方が、簡単に得たものよりも後々まで役立ちます」「漠然とした不安は、立ち止まらないことで払拭される」。これらの言葉こそ、羽生が苦しみながら自身に言い聞かせたものではなかったか。

険しい峰は一直線には登ってはいけない。迂回もする。不安もある。挫《くじ》けそうにもなる。そのときこそが成長の分岐点なんだよ――と羽生はやさしく励ましてくれる。このやさしさに、勝負の修羅場《しゅらば》でしのぎを削る棋界トップリーダーの矜持《きょうじ》を見る。

壁というのは、
できる人にしかやってこない。
越えられる可能性がある人にしかやってこない。
だから、壁がある時はチャンスだと思っている。

——イチロー（プロ野球選手）

58

なぜ、イチローのメンタルは強いのか。完璧な準備、ルーティン、アスリートとして徹底した自己管理。理由はいくつもある。だが、イチローの言葉を丹念に拾っていくと、「ポジティブ」という思考に行き着く。

たとえば壁にぶつかる。「ひるむな！」「越えろ！」「挑戦しろ！」——叱咤《しった》するのは精神的なムチだ。ムチはネガティブで反作用を伴う。イチローは叱咤などしない。「壁というのは、できる人にしかやってこない」と言い聞かせる。「自分はできる人」になる。

不調のときは「スランプのときにこそ絶好調が現れる」と考える。スランプは悩むものではなく、心を浮き立たせてくれるものと捉えるのだ。困難な目標に対しては「自分から立ち向かっていく姿勢があれば野球はうまくなるし、人間として強くなっていく」とポジティブにとらえ、不安に対しては「恐怖心を持っていない人は本物じゃない。その怖さを打ち消したいがために練習する」と前向きに考える。だからイチローは逃げない。悲壮感がない。精神的な動揺の一切がない。その姿が「野球の求道者」に見えるのだ。

自分にムチをふるってはならない。自分を自分の奴隷にしてはならない。「逆境、ウエルカム！」と自分に言い聞かせるのだ。そのとき弱い心は鋼《はがね》に転じる。

束縛があるからこそ、私は飛べるのだ。
悲しみがあるからこそ、
私は高く舞い上がれるのだ。
逆境があるからこそ、私は走れるのだ。
涙があるからこそ、
私は前に進めるのだ。

——マハトマ・ガンジー（宗教家・政治指導者）

59

忍耐は、目標を達成する手段となって意味を持つ。重い荷を背負うロバ、犂《からすき》を引いて田畑を掘り返す牛馬に目標はない。そういう生き方を否定しているのではない。だが目標もなく、ムチを恐れてひたすら耐える日々に、どれほどの意味が見いだせるだろうか。

高く跳び上がるためにしゃがみこむ。矢を遠く飛ばすために弦《つる》を思い切り後方に引く。忍耐とは目標を達成するため、自らの意志による〝負の助走〟であることを、「インド独立の父」は、「束縛」「悲しみ」「逆境」「涙」という反語を対置して語りかける。

ガンジーは武力闘争の一切を排除し、非暴力・不服従をもって宗主国イギリスに立ち向かった。「イギリス製品の不買運動」「暴行に対して抵抗しないこと」「文句を言わず逮捕されること」「財産の押収に対して抵抗しないこと」……。無抵抗の抵抗は、独立という目標がなければロバや牛馬の苦しみでしかなかったろう。ガンジーは何度も投獄されながら忍耐を貫き、独立を勝ち取るのだ。

私たちは忍耐と絶望の紙一重を生きている。焦る。駆け出したくなる。だがガンジーは「速度を上げるばかりが人生ではない」とさとす。逆風を受けて鳥が舞い上がるごとく、翼を広げ、空を仰いでじっと耐えていればいい。翼が風をはらめば自然に飛び立っていくのだ。

人は常に試されている。
試されながら
その試練に勝ったとき、
一つひとつ大きくなれる。

——衣笠祥雄《きぬがささちお》（プロ野球選手）

60

「鉄人」――衣笠祥雄はそう呼ばれた。デッドボールの数は当時最多の一六一個。ケガを押して出場した。一九八七年、四十歳のとき国民栄誉賞を受賞。この年、衣笠は連続試合出場二二一五試合を達成し、ルー・ゲーリックの持つ世界記録を更新する。国民栄誉賞の盾には『野球における真摯な精進　前人未到の記録達成の功』という文字が刻まれていた。〝赤ヘル打線〟の主砲の一人として、広島東洋カープの黄金時代を築く。

栄誉賞に先立つ八年前のこと。連続試合出場日本記録に王手をかけながら、試合は雨で一週間流れる。この一週間を衣笠は「恐怖」と表現する。「おびえていた」と吐露する。風呂場で足を滑らせ、腰を打って試合に出られなくなるかもしれない。交通事故に遭って選手生命が絶たれるかもしれない。自著に書く。「一つ欲望を持つと、人間はとたんに臆病になり、恐怖心を持ってしまうことをそのときに知った」(『お父さんからきみたちへ――明日《あす》を信じて』講談社文庫)。

戦う相手は「おびえる心」だ。衣笠は当時を振り返って「人は常に試されている」という言葉を残す。「試される」は受け身ではない。自分に課した高跳びのバーなのだ。「跳べるか!」――自分を挑発する。奮い立たせる。過酷な世界で生き抜いてきた「鉄人」の人生観である。

スランプ、というのがありましょう？
あれは、なかなかつらいもんです。
つらいからよけい、安易に楽《らく》しよう
楽しようということになるが、
そうなるとかえって
脱却できないのがスランプだ。

――升田幸三《ますだこうぞう》（将棋棋士）

61

ボサボサの頭髪と髭《ひげ》、鋭い眼光。野武士の風格である。「新手一生《しんていっしょう》」を掲げ、将棋史上初の三冠（名人・王将・九段）を制覇、戦後の将棋界を牽引《けんいん》したリーダーの一人だ。「女は頭が悪い」「女には将棋はできない」といった〝放言癖〟も魅力の一つとされた。

勝負の世界も人生も常勝はない。必ずスランプという壁はやって来る。自分を奮い立たせ、根性で乗り切ろうとする。結果が出ない。呻吟《しんぎん》する。そして根性より気分転換――この思いが頭をもたげてくる。

だが升田は、安易に流れたのでは抜け出せないとした。巨人の長嶋茂雄が不調に陥ったとき、升田はこうさとした。「野球は三割打ったら上等と言われるが、将棋は七割勝たんと一流とはいえん、精進したまえ」。長嶋は目が覚め、スランプから脱する。「ひふみん」こと加藤一二三《ひふみ》のスランプのときもそうだ。「活躍していない今、君は潜《ひそ》む竜だ、竜が力をためて潜んでおるんだ」。升田からそう言われて加藤は発奮する。升田は自著に言う。「負けても構うものか、おれはまともに、地味に、四つ相撲でゆくと決心することが、スランプから突き出る第一歩ということになります」（『勝負』サンケイ新聞社出版局）。

逃げたくなる。少しだけ踏みとどまってみる。これがスランプから抜け出す最短の方法であると、〝蓬髪《ほうはつ》の野武士〟は眼光を鋭くして言うのだ。

最も重要なのは、
自分の能力の輪をどれだけ
大きくするかではなく、
その輪の境界をどこまで
厳密に決められるかです。
——ウォーレン・バフェット（投資家）

62

バフェットは世界一の投資家である。総資産が八四〇億ドル（約八兆六千億円）。世界最大の投資持株会社「バークシャー・ハサウェイ」の筆頭株主で、同社の会長兼CEOを務める。

自身の投資哲学をバフェットは「能力の輪」と呼ぶ。投資対象は、自分が本当によく理解できる分野と企業に集中するということだ。バフェットはこれまでIT企業への投資を避けてきた。成長産業であることはわかっている。だがITはバフェットにとって「能力の輪」の外にあるものだったからだ。

私たちの仕事術はどうか。スキルをより多く獲得するために努力する。どこまで「能力の輪」を広げられるかを目指す。大事なことだ。人脈もしかりで、顔の広さは財産だ。だが、「能力の輪」を知らずしてスキルを広げようとするのは、無理してつま先立ち、それに身長を合わせようとすることではないか。だからつまずく。まず、自分の身の丈《たけ》を知り、それに合わせて行動せよ――バフェットならそう言うだろう。

消極的な処し方ではない。中国の軍略家・孫子《そんし》いわく「彼を知り己《おのれ》を知れば百戦殆《あやう》からず」。バフェットの投資哲学はそれに通じる。過激に焚《た》きつけるわけではない。急《せ》くな、はやるな、足もとを確かめよ――。世界一の投資家は淡々とアドバイスする。

私は小猿《こざる》、私は小猿。
小猿をイメージしてください。
山の中を木々を飛び跳ねていくような小猿です。
——高橋尚子《なおこ》（マラソン選手）

63

人生はマラソンにたとえられる。長丁場には上り坂も下り坂もある。心臓が口から飛び出しそうになる。走り続けるか、ギブアップして歩くか、リタイヤするか。他者と争うのではなく、自分と戦う。人生はマラソンそのものなのだ。

ならば、マラソンレースでの走り方は生き方に通じるのではないか。二〇〇〇年のシドニー五輪金メダリスト・高橋尚子は「イメージが大切」だと語る。上り坂は苦しい。目線が上がる。目線が上がれば顔が上がってアゴが上がり、上半身は少し後傾になってしまう。だからアゴを引き、腕を振り、下を向いて走る。

「見えているのは地面だけです。坂は気のせい、坂は気のせい……。思い込みが大切ですからね、坂は気のせいだと思って走ってください」。そして「私は小猿、私は小猿」と自分に言い聞かせて上っていく。下りに転じれば「私は小石、私は小石」と唱え、小石のように軽快に転がっていく。

シドニー五輪のマラソンコースは、どの大会よりもアップダウンが多かった。高橋は小猿になり、小石になることで金メダルをつかみ取った。「これは私の上り下りの必勝法です」と語る。根性論ではない。悲壮感もない。小猿になり、小石になって軽快に長丁場を走っていく。苦しいときの笑顔とイメージ。生き方の一つである。

考えるな、感じろ。

――ブルース・リー（俳優）

64

「Don't think, Feel（考えるな、感じろ）」――映画『燃えよドラゴン』の名台詞《せりふ》だ。続けてリーは修行者にこうさとす。「これは月を指さすのと似ている。指に気を取られていると栄光（月）を見失うぞ」。指は月という目標を示しているにすぎないと言うのだ。

仏教では「指月《しげつ》のたとえ」としてこれを説く。言葉（指）は教え（月）の内容を表しているもので、指を見つめても月は決して見えないという戒めだ。リーの言葉に東洋人として仏教の影響を見る。だが「指月」を引いて「考えるな、感じろ」と昇華させるところに武術家の真髄がある。

「どう攻めるか」「どう戦うか」は自分の視点だ。思惑どおりに展開するとは限らない。だから考えるな、自分の戦略に固執するな、相手の動きに応じて対処せよ――とリーは言う。これが「感じる」ということなのだ。

私たちはマニュアルに依《よ》って仕事をする。だが、マニュアルは仕事で成果を出すための方策にすぎない。成果という月を〝指す指〟であるにもかかわらず、マスターすることが目的になってはいまいか。本末転倒である。仕事に限らない。「本質は何か」という視点を持ち、「感じる」という生き方を心掛けることで、私たちは「考え過ぎる」から解放されるのだ。

65

サッカーの神様などいない。
頼れるのは自分だけ。

——澤穂希《さわほまれ》（プロサッカー選手）

六度のW杯と四度の五輪に出場。二〇一一年FIFA女子ワールドカップ・ドイツ大会で得点王とMVPを獲得。同年度FIFA最優秀選手賞受賞者。日本女子代表では歴代トップの出場数とゴール数を誇る。

その澤の言葉だ。「頼れるのは自分だけ」——この一語をスポーツ選手は胸に刻んで猛練習の糧《かて》にした。だが、この言葉はリーダーにとっては別の意味を持つのではないか。猛練習を積む。作戦を立てる。ところが、うまくいかない。「なぜだ」と自問する。そしてリーダーは「なぜだ」の落とし穴にはまってしまう。

私たちは仕事に人生に「予定」を立てる。予定どおりに運ぶことが「善」で、つまずけば「悪」となる。つまずけば「なぜだ」と原因を探す。自己正当化する私たちは原因を自分以外に求め、「あいつのせいだ」となる。この精神構造を仏教で「奪命《だつみょう》」という。命を奪うほどに怖い思考を宿しているというわけだ。

原因を探すことは大事だ。だが〝犯人探し〟になれば組織は崩壊する。「頼れるのは自分だけ」とは、他に原因を求めずという澤の自覚の言葉だと読み解ける。「なでしこジャパン」を牽引したチームリーダーとしての矜持《きょうじ》である。

7章

未来に希望を見いだす

「希望」――。心に響くこの二文字には、万言《まんげん》の励ましをも凌《しの》ぐ力がある。前途に希望という一筋の光明を見いだせば、暗闇の中にあっても足を踏み出すことができる。一歩を踏み出し、二歩目を踏み出し、三歩、五歩、十歩……。敢然と胸を張り、ずんずんと歩いて行ける。

だから優れたリーダーは希望を語る。希望を与える。体験から紡ぎ出される彼らの一言半句《いちごんはんく》は、前途に眩《まぶ》しく光る希望の言葉となって、私たちの心を躍らせるのだ。

優れたリーダーは世俗の名利《みょうり》を語らない。理念と理想を内包し、個人の希望を生き方にまで昇華してみせるのだ。

66

リベラルなアメリカも、保守派のアメリカもない。あるのはアメリカ合衆国だけだ。黒人のアメリカも、白人のアメリカも、ラティーノ（中南米系）のアメリカも、アジア系のアメリカもなく、あるのはアメリカ合衆国だけだ。

――バラク・オバマ（アメリカ合衆国第44代大統領）

掲載の言葉は二〇〇四年七月二十七日、ボストンで開かれた民主党大会でのものだ。太いバリトンで、よく響く声。雄弁をもって全国民の団結を訴え、イリノイ州の新米議員にすぎなかったバラク・オバマは一躍その名が全米に知られる。

そして二〇〇八年、民主党大統領候補指名獲得レースでのこと。「イエス・ウィ・キャン！（私たちにはできる）」。オバマが発した力強い一語が聴衆の心を揺さぶる。団結すればアメリカが直面する困難を打ち破れる――オバマの呼びかけに聴衆の感動と希望が呼応し、「イエス・ウィ・キャン！」「チェンジ！」の声が会場を覆った。建国以来、初めての黒人大統領はこうして誕生する。

分断か団結か――。リーダーの手法は二つある。対立を煽《あお》り、せめぎ合うことで組織を牽引するのは易《やす》く、分断は非難と憎悪を引きずる。団結を目指す手法は困難だが、そこには希望がある。手を携えて生きていくという理想がある。全国民に差異も区別もないとするオバマの言葉は、「政治」を超越して「生き方」に昇華し、心を揺さぶる。

一人の幸福なくして全員の幸福はなく、その逆もない。そのために何をなすべきか。一人ひとりがそのことを自分に問い、実践することをリーダーは求めていかなければならない。「個の時代」にあってこそ、「団結」という言葉に希望と理想がある。

67

私がいなくなったときに、他の人の運命を変えるような若い子たちが残るように貢献したいんだ。本当のリーダーとは、多くの事柄を成し遂げる人ではなく、自分をはるかに超えるような人材を残す人だと思うから。

――ホセ・ムヒカ（ウルグアイ元大統領）

愛称はエル・ペペ。南米の小国ウルグアイの元大統領だ。報酬の大半を財団に寄付し、生活費はわずかに月千ドル。公邸に住むことを拒み、小さな農場に愛妻と愛犬と暮らす。「世界で一番貧しい大統領」――ホセ・ムヒカは敬意をこめてそう呼ばれた。

ムヒカの大量消費社会に対する批判と箴言《しんげん》。一言半句が世界の魂を震わせる。

「自分では貧乏とは思っていない。本当に貧しい人は、贅沢な暮らしを保つためだけに働く人だ」「生きていくには働かないといけない。でも働くだけの人生でもいけない。ちゃんと生きることが大切なんだ。たくさん買い物をした引き換えに、人生の残り時間がなくなっては元も子もないだろう。簡素に生きていれば人は自由なんだよ」

ムヒカは貧困家庭に生まれた。大学を卒業して極左都市ゲリラ組織に加入し、軍事政権に抗す。六発の被弾、四度の逮捕、そして人質として十三年間収監される。出所後、下院議員選挙で初当選。農牧水産相、そして大統領となる。命を削って生きてきた。

その彼が「夢」を問われて語ったのが掲載の言葉だ。人材を育てること。これがリーダーの使命だとする。議員としての報酬や寄付をもとに農業学校を設立。人材育成のため子どもの教育に情熱を傾注する。上司が我が身に問うべきムヒカの覚悟である。

68

はじめの百日間でこれをすべて達成できないかもしれません。千日間でも難しいかもしれません。私の在任期間中も、私たちがこの地球上に生きている間でも無理かもしれません。それでも、始めようではありませんか。

――ジョン・F・ケネディ
（アメリカ合衆国第35代大統領）

将来に夢を描く。実現できるかを自分に問い、夢という山頂を仰ぎ見る。高い。高すぎる。登るのは無理だ。首を振り、一歩たりとも踏み出さないままその場に立ち尽くしてしまう。チャレンジすることの大切さは百も承知しながら、「無理とわかっていて努力するのは無意味」と正当化する。これが私たちではないだろうか。

それでも夢に向かって登って行こうと、ケネディは大統領就任演説で国民に力強く語りかけた。山頂に立てるのはいつになるかわからない。立てないかもしれない。それでもいではないか。山頂に立つことよりも、そこに向かって登り続けることに意味がある。ケネディの信念が国民の心を揺さぶる。

十六世紀、宗教改革を成し遂げたマルチン・ルターは言った。「たとえ明日世界が滅亡しようとも、今日私はリンゴの木を植える」。大事なことは「今」なのだ。明日がどうあれ、今をどう努力するか。五百年前のルターが、六十年前のケネディが熱く訴える。

一歩でいい。一歩なら踏み出せる。一歩を踏み出したら、反対の足を前に出す。山頂は彼方にあろうとも、確実に近づいてくる。努力は成果によって報われるのではない。努力そのものによって報われるのだ。

69

四千年の歴史が君たちを見下ろしているぞ！

――ナポレオン・ボナパルト（フランス革命期の皇帝）

リーダーは言葉で人を動かす。口先の言葉ではない。浅薄《せんぱく》な人心掌握術でもない。人間心理に対する深い洞察から発する言葉だ。革命期のフランスに現れた英雄ナポレオンはフランス皇帝となり、ヨーロッパの大半を支配するが、彼の力の源泉こそ、リーダーシップに対する深い洞察なのだ。

ある将軍が、兵士たちの勇気を鼓舞する方策として報奨金を提案したときのことだ。ナポレオンは言下《げんか》に否定した。「勇気はお金では買えない」——。人はわずかな日当や些細な名誉のために命を投げ出すのではない。彼らの心震わす魂にこそ応えなければならない、そう命じたのだ。そして、エジプト遠征に際してナポレオンは必勝を期してこう檄《げき》を飛ばす。「兵士諸君、四千年の歴史が君たちを見下ろしているぞ!」。この一語に兵士は武者震いする。

報奨金で動くのは打算だ。打算は損得勘定である。命を賭《と》してまで戦う者はいない。感動と感激の一語。魂の震えによって職責に殉じるのだ。

前途に希望があれば千里の道をも往《ゆ》く。だが、ひとたび懐疑が芽生えたなら一里も前には進まない。それが人間だ。だからナポレオンは言う。「リーダーとは『希望を配る人』のことだ」。反対に凡庸《ぼんよう》なリーダーは、希望を配る代わりに尻を叩くのだ。

70

私は最初の女性副大統領かもしれませんが、最後ではありません。今夜、この瞬間を見ているすべての小さな女の子たちは、ここが可能性に満ちた国であることを知ったからです。

――カマラ・ハリス（アメリカ合衆国副大統領）

この言葉は、アメリカ合衆国史上初の女性副大統領になるカマラ・ハリスが、みずから就任する意義を演説で語った一節である。「頑張ります」「期待に応えます」といった陳腐な言葉は一切ない。アメリカが人種を超えて可能性のある国であることを誇り、あとに続く子どもたちに力強くメッセージし、「ジェンダーは関係ありません。野心的な夢を抱き、信念を持って指導者となるのです」と語った。父がジャマイカ、母がインド出身という移民二世の彼女はジェンダーを超え、出自も人種も超え、副大統領になったのである。

カマラは大学を卒業後、検察官をへてカリフォルニア州司法長官に立候補して当選。「初の女性」「初のアフリカ系」「初のインド系」として注目を集めた。そして黒人女性として史上初の上院議員、女性初の副大統領に就任。黒人として、女性として先頭に立って道を切り開いてきた。

利害が錯綜《さくそう》する政治の世界で理想を貫くには困難がつきまとう。カマラはそれを承知で「いまこそ本当の仕事が始まるときです。困難な仕事です。必要な仕事です。いい仕事に取り組みます」と宣言した。理想が人々の心をとらえるのは、理想を貫くことよりも、貫こうとする意志と決意による。これはすべてのリーダーに共通する。「できるか」ではなく、「やり続ける覚悟」がリーダーには問われるのだ。

71

私は客寄せパンダでいいんです。パンダがいない党よりも、パンダがいる党のほうがいいじゃないですか。

——小泉進次郎（政治家）

若くして世に出た人間に毀誉褒貶《きよほうへん》はつきものだ。これが世の常であることは小泉進次郎にはわかっている。二〇〇九年の初出馬は自民党に大逆風で、しかも二世候補が批判の的になった。演説中にペットボトルを投げつけられた。ところが当選するや一転、進次郎フィーバーが起こる。大衆の移り気を身をもって知った。だから批判など意に介さない。

進次郎の非凡さは、自分の立ち位置を熟知していることにある。それが掲載の言葉だ。客寄せパンダと揶揄《やゆ》されたら「違う」と反論したくなる。ムキになれば大衆は面白がる。〝火に油〟になる。だから進次郎は「パンダでいいんです」「パンダがいる党のほうがいいじゃないですか」と肯定してみせ、「それもそうだ」と大衆は納得したところで、揶揄は揶揄でなくなってしまうのだ。

パンダであること――これが〝武器〟だ。意に染《そ》むかどうかは関係ない。政治家としての評価は先でいいと、進次郎は冷静でいる。私たちならどうだろうか。自分はもっと評価されるべきだと思う。背伸びしてアピールする。だから足を掬《すく》われるのだ。

私たちは、見られたい自分に見てもらいたがる。だが、見られている自分が「世間に通用している自分」なのだ。そこに気づけば不満から解放される。未来に希望が湧いてくる。パンダを受容することで、次代のリーダー・進次郎は将来を期したのだ。

72

今日は苦しい、明日も大変。
けれどもあさってになれば、
きっといいことが起こるんだ。

——ジャック・マー（アリババグループ創業者）

ジャック・マー（馬雲《ばうん》）は、一代でアジア・ナンバーワンのIT企業アリババ集団《グループ》を築き上げた。徹底して〝ポジティブ思考〟のネアカ人間である。今日が苦しくとも、「あさってはいいことがある」と考える。マーの座右の銘は「永遠不放棄」（絶対に諦めない）。ネアカ風まかせで生きるポジティブ思考とは対極にある。ネアカ人間がいるのではない。ネアカに考える人間がいるだけであることが、マーの半生から見て取れる。

子どものころは劣等生だった。三浪して何とか大学の英語科に入学。卒業後の就職活動は三十回以上も落とされた。英語教師をへてインターネット関連の会社を興す。その後も四十社以上を起業し、ことごとく失敗する。どん底の時代。このときマーは「あさってはいいことがある」と自分に言い聞かせたのではなかったか。アリババ集団の起業は三十五歳。二十年で時価総額世界七位の巨大企業に成長する。

歯を食いしばるだけが「不屈の精神」ではない。マーにはこんな言葉もある。「明日は今日より辛いかもしれない。でもあさっては晴れるかもね」。今日の明日では、いま降り続く雨はやまないかもしれない。しかし、もう一日たってあさってになれば晴れるかもしれないとネアカに考えれば、土砂《どしゃ》降りの雨も苦にはならない。笑顔を浮かべ、口笛を吹きながら、「永遠不放棄」と心でつぶやいてみる。未来につながる勇気に転じていく。

73

人生に遅すぎることはない。
五十歳でも、
六十歳からでも
新しい出発はある。

——安藤百福《ももふく》
（日清食品創業者）

安藤百福は、二〇一八年十月から放送されたNHK連続テレビ小説『まんぷく』の主人公の夫のモデルだ。独力で世界初のインスタントラーメンを開発し、日清食品を創業する。四十八歳。遅い出発と言われて、「人生に遅すぎることはない」と返す。百福は破産から無一文となり、「敗者復活戦」を勝ち上がってきた。遅い出発と見られて当然だった。

一九三二年、父の遺産を元手に繊維会社を興す。これが当たった。メリヤス貿易のほか光学器械、精密機器の製造など事業を急速に拡大。だが、戦後、GHQ（連合国軍総司令部）が百福を狙い撃つ。脱税容疑で逮捕され、二年をかけて裁判で争う。さらに理事長を務めていた信用組合が経営破綻し、私財をなげうって借金を清算。「失ったのは財産だけ。その分、経験が血や肉となって身についた」と前向きにとらえる。百福は決して腐らなかった。

ある日、屋台のラーメンに並ぶ行列を目にする。お湯をそそぐだけで食べられるラーメンが作れないか。ここから「敗者復活戦」がはじまる。早朝から深夜まで、狂気の挑戦の日々をへて「チキンラーメン」は完成する。

平均寿命が六十五歳の時代に、四十八歳の百福は「人生に遅すぎることはない」と言った。年齢のことだけを言っているのではない。人生の再出発を期することもまた「遅すぎる」はないということを百福はこの言葉に込めるのだ。

74

僕がいつも
楽観的だと評されるのは、
ひとえに苦労のたまものだ。
恒心《こうしん》を得たのである。

——出光佐三《いでみつさぞう》
（出光興産創業者）

出光佐三は、百田尚樹《ひゃくたなおき》著『海賊とよばれた男』のモデルだ。本屋大賞を受賞し、空前の大ベストセラーとなった。一九五三年、イランと欧米が石油をめぐって対立するなか、佐三は「日章丸二世」をイランへ派遣。イギリス海軍の海上封鎖を突破して原油を持ち帰る。「海賊」の異名はここに由来する。石油メジャー・業界規制の妨害と戦い、民族資本「出光興産」を築いた異端児である。

戦前、佐三は石油国策に乗って中国全域から台湾まで販路を拡大。高額納税で貴族院議員に叙されたが、日本の敗戦によって在外資産接収で全てを失う。だが、不屈だった。解雇ゼロを宣言し、これに感動した社員は一丸となって会社再建を果たす。

掲載した佐三の言葉にある「恒心」とは、「常に定まっていて変わらない正しい心。ぐらつかない心」のことを言う。苦労という砥石《といし》によって損得利害という揺らぐ心が削《そ》ぎ落とされたということか。

佐三の別の言葉に「勇んで難につく、つとめて苦労する」というのがある。難は避けたいし、苦労はしたくない。だが、引き換えに恒心を得て楽観的になれるとしたら、難も苦労も悪くはない。「苦労」と「楽観」——。相反する言葉を並べることで、そんな気にさせる。佐三の非凡な一言《いちごん》である。

75

忘れないでください、
素晴らしいものを目指す努力が
無駄になることは
ないということを。
いつか、どこかで、なんとかして、
私たちは求めるものを
見つけ出すのです。

——ヘレン・ケラー
（社会福祉活動家）

こうであれば、こうであるなら、こうであったら――。私たちは困難を前に、ないものねだりをする。「それさえ具《そな》わっていたら事を成し遂げることができるのに」。そう思う。本当にそうだろうか。できない言い訳にしているだけではないだろうか。

ヘレン・ケラーは「盲《もう》・聾《ろう》・唖《あ》」――目が見えない、耳が聞こえない、言葉を発声できないという三重苦を克服。障害者の教育と福祉の発展に尽くす。一九九九年、LIFE誌が選んだ「この千年で最も重要な功績を残した世界の人物百人」に選ばれた。

家庭教師サリバンは少女ヘレンの手のひらに「DOLL（人形）」と文字を書き、人形を手渡す。ヘレンの片手を水につけ、もう片方の手のひらに「WATER（水）」と書く。こうしてヘレンは「言葉」を一つずつおぼえ、三重苦を克服していく。母国語の英語のほか、フランス語、ドイツ語、ラテン語、古代ギリシャ語までマスターする。

やればできる。だから頑張ろう――ヘレンはそんなステレオタイプの励ましを口にしているのではない。「努力が無駄になることはない」「いつか、どこかで、なんとかして、私たちは求めるものを見つけ出す」と、希望を持つことの素晴らしさを語っているのだ。

ヘレンとサリバンの半生は映画『奇跡の人』として上映され、世界中の人に勇気と感銘を与えた。奇跡とは希望のことを言う。

76

私があなたに恋をした理由のひとつは、あなたが〝人は誰もが誰かの兄弟や姉妹の守り手である〟ということを原則として生きている人だということ。私自身も、そうあるようにと言われて育ったから。

――ミッシェル・オバマ

（アメリカ合衆国第44代大統領バラク・オバマ夫人）

「絆《きずな》」という一語が、かつて私たちの心を揺さぶった。人は人とのつながりで生きる。助け合って生きていく。東日本大震災でそのことに改めて気づかされ、十年が過ぎた。私たちはいま、「絆社会」を生きているのだろうか。

ミッシェル・オバマは、アメリカ合衆国史上初のアフリカ系アメリカ人のファーストレディである。奴隷を先祖に持つ。経済的に恵まれざる環境で育ち、名門プリンストン大学、ハーバード・ロー・スクールを卒業後、弁護士を振り出しにキャリアを積む。聡明、自立、賢母、賢婦。歴代大統領夫人の中で第三位という人気を誇る。

そのミッシェルが自著の回想録で、家族、隣人、地域コミュニティの絆の中で育ったことを記す。「人は誰もが誰かの兄弟や姉妹の守り手である」と語る彼女の原点がそこにある。のち大統領となるバラク・オバマに同じ生き方を見て結婚する。

私たちは絆を求めながらも、競争社会は絆の対極の生き方を強いる。競争からは逃れられない。だが、誰もが家族の守り手として必死に生きている。蹴落とす「相手」は、蹴落とされる「自分」でもある。それを忘れてしまってはいまいか。助ける「相手」は、助けられる「自分」という社会でありたい。理想ではない。お互いが手を携えることで実現可能な社会であることを、ミッシェルの言葉は語りかける。

77

たとえ私が銃を握っていて、
目の前にそのタリバン兵が
立っていたとしても、
撃つことはないでしょう。
――マララ・ユスフザイ（人権運動家）

パキスタンのタリバン勢力に頭部を銃撃され、瀕死の重傷を負う。女子教育禁止に対して、テロの残虐行為に対して、マララはイギリスの放送局に告発し、命を狙われた。二〇一四年、勇気ある行動にノーベル平和賞が贈られる。十七歳。史上最年少の受賞だった。

マララの言葉が私たちの心を揺さぶるのは、その勇気だ。タリバン兵を「撃つことはない」という一語だ。自分は撃たれて瀕死の重傷を負ったのだ。私たちならタリバンを非難し、世界が団結して正義のために立ち上がるべきだと訴えるだろう。

ところがマララは掲載の言葉に続けて、国連の演説でこう語る。「これは慈悲深い預言者ムハンマド、イエス・キリスト、お釈迦様《しゃか》から学んだ思いやりの心です」。だから自分は誰とも敵対していない、すべてのテロリストと過激派の子どもたちにも教育を受けるようになって欲しい——それが願いだとする。

百人いれば百の正義がある。盗人《ぬすっと》にさえ三分の理があると諺《ことわざ》は教える。組織において、人間関係において、理不尽なことはいくらでもある。腹が立つ。復讐《ふくしゅう》してやりたいと思う。だが「怨《うら》みに報いるに怨みを以《もっ》てしたならば、ついに怨みの息《や》むことがない」と釈迦が説くごとく、復讐は憎しみの連鎖を生む。マララが見せた真の勇気。このことに気づけば、もっともっと勇気をもって生きていけるのではないだろうか。

◎主な出典・参考文献

本書の執筆にあたっては、以下の書籍、雑誌、ホームページ、筆者のこれまでの取材データの他、各種WEB記事を参考にした。

1章

「時事ドットコム」〈ソフトバンク「巨額赤字」招いた孫正義「若き3起業家」への溺愛　フォーサイト・新潮社：大西康之〉

『自分の中に毒を持て』（岡本太郎／青春出版社）

『偶然完全 勝新太郎伝』（田崎健太／講談社＋α文庫）

「エムズの片割れ」〈「冷や飯を食う」～川淵三郎氏の例〉

『結論で読む人生論』（勢古浩爾／草思社文庫）

2章

『迷ったときは、前に出ろ！』（星野仙一／主婦と生活社）

『吉本興業　使った分だけ人とお金は大きくなる！』（中邨秀雄／三笠書房知的生き方文庫）

「今治明徳中学校」ホームページ

『週刊現代』（2013年8月10日号／有名人が語った「苦難こそ、人を作る」）

『新イチロー論　いまを超えていく力』（張本勲／青志社）

「お金の学校」

「Ｎｕｍｂｅｒ Ｗｅｂ」〈〝ジャズとオーケストラ〟の監督論。長嶋茂雄と森祇晶、最強か常勝か。〉

３章

「名言＋Ｑｕｏｔｅｓ」
『継続する心』（山本昌／青志社）
「ＮＨＫ ＮＥＷＳ ＷＥＢ」〈ＷＥＢ特集：自分が好きなものを作るんじゃない〉
『できるヤツの和忍断』（大沢啓二／双葉社）
『文藝春秋』（２０１５年１月号／高倉健 病床で綴った最期の手記）
『野村の流儀 人生の教えとなる２５７の言葉』（野村克也／ぴあ）
「【公式】 野村監督　名言集」
「Ｎｕｍｂｅｒ Ｗｅｂ」〈杉本昌隆の名言〉
「Ｆｏｒｂｅｓ ＪＡＰＡＮ」〈謙虚な姿勢でスピード昇格。将棋ファンを増やした若き天才・藤井聡太の偉業〉

４章

『なでしこ力　さあ、一緒に世界一になろう！』（佐々木則夫／講談社）
「たすけ愛」〈失敗を繰り返して大成功者になる!!〉
「Ｆｏｒｂｅｓ ＪＡＰＡＮ」〈柳井正の名言７選〉

『本田宗一郎　夢を力に：私の履歴書』（本田宗一郎／日経ビジネス人文庫）
『勝負のこころ』（大山康晴／PHP文庫）
『劣勢からの逆転力　ガッツの知恵』（ガッツ石松／青志社）
「パナソニック」ホームページ〈松下幸之助物語〉
「PHPオンライン衆知」〈松下幸之助と「伝説の熱海会談」～一流の決断とは〉
「ニッポン放送　NEWS ONLINE」〈アインシュタインの格言〉
『カリスマ社長の実戦心理術』（向谷匡史／イースト・プレス）
「ドラッカー　日本公式サイト」

5章
『君ならできる』（小出義雄／幻冬舎）
『育成力』（小出義雄／中公新書ラクレ）
『田中角栄　100の言葉』（別冊宝島編集部／宝島社）
「はっとさせられる言葉たち」
「コトバのチカラ」
「PHPオンライン衆知」〈星野リゾート・星野佳路　いくつになっても柔軟な発想を忘れない〉
「日経ビジネス電子版」
『ホスト王・愛田流　天下無敵の経営術』（愛田武／河出書房新社）

『プロフェッショナル仕事の流儀　壁を打ち破る34の生き方』（NHK「プロフェッショナル」制作班／NHK出版）
「日本経営合理化協会」ホームページ〈指導者たる者かくあるべし　人を活かす（9）　仰木彬の「そのままでいい」：宇恵一郎〉

6章

「NBA Rakuten」公式ホームページ
『全思考』（北野武／幻冬舎文庫）
『イチロー流 準備の極意』（児玉光雄／青春出版社）
『お父さんからきみたちへ〜明日《あす》を信じて』（衣笠祥雄／講談社文庫）
『勝負』（升田幸三／サンケイ新聞社出版局）
「日本将棋連盟」ホームページ〈将棋コラム〉
『スノーボール　ウォーレン・バフェット伝〈上・中・下〉』（アリス・シュローダー　伏見威蕃訳／日経ビジネス人文庫）
「BEST T¡MES」〈世界一の投資家・バフェットに学ぶ。その究極にシンプルな投資哲学：桑原晃弥〉
「CYCLE」ホームページ〈高橋尚子、フルマラソンの走り方「悪魔の誘惑には乗らないでください」〉
〈高橋尚子、マラソンの上り下りは「イメージが大切」〉

7章

「時事ドットコム」〈特集　オバマ語録〉

『世界で一番貧しい大統領と呼ばれたホセ・ムヒカ　心を揺さぶるスピーチ』（国際情勢研究会編／ゴマブックス）

『大統領の演説』（パトリック・ハーラン／角川新書）

「ダイヤモンド・オンライン」〈渋井真帆の歴史に学ぶグローバルビジネスとリーダーシップ　Ｖｏｌ．２

「希望を配る人」が真のリーダー〉

「名言＋Ｑｕｏｔｅｓ」

『小泉進次郎という男』（別冊宝島編集部編／宝島社）

『英語で聴く 世界を変えた感動の名スピーチ』（平野次郎・鈴木健士／ＫＡＤＯＫＡＷＡ）

青春新書
INTELLIGENCE

こころ涌き立つ「知」の冒険

いまを生きる

〝青春新書〟は昭和三一年に——若い日に常にあなたの心の友として、その糧となり実になる多様な知恵が、生きる指標として勇気と力になり、すぐに役立つ——をモットーに創刊された。

そして昭和三八年、新しい時代の気運の中で、新書〝プレイブックス〟にその役目のバトンを渡した。「人生を自由自在に活動《プレイ》する」のキャッチコピーのもと——すべてのうっ積を吹きとばし、自由闊達な活動力を培養し、勇気と自信を生み出す最も楽しいシリーズ——となった。

いまや、私たちはバブル経済崩壊後の混沌とした価値観のただ中にいる。その価値観は常に未曾有の変貌を見せ、社会は少子高齢化し、地球規模の環境問題等は解決の兆しを見せない。私たちはあらゆる不安と懐疑に対峙している。

本シリーズ〝青春新書インテリジェンス〟はまさに、この時代の欲求によってプレイブックスから分化・刊行された。それは即ち、「心の中に自らの青春の輝きを失わない旺盛な知力、活力への欲求」に他ならない。応えるべきキャッチコピーは「こころ涌き立つ〝知〟の冒険」である。

予測のつかない時代にあって、一人ひとりの足元を照らし出すシリーズでありたいと願う。青春出版社は本年創業五〇周年を迎えた。これはひとえに長年に亘る多くの読者の熱いご支持の賜物である。社員一同深く感謝し、より一層世の中に希望と勇気の明るい光を放つ書籍を出版すべく、鋭意志すものである。

平成一七年　　刊行者　小澤源太郎

著者紹介

向谷匡史〈むかいだに　ただし〉

1950年、広島県呉市生まれ。作家、僧侶（浄土真宗本願寺派）、保護司。拓殖大学卒業後、週刊誌記者などを経て現職。アウトロー、政治家、武道・スポーツ、仏教など世間の表舞台から裏通りまで人間社会に幅広く精通し、鋭い観察眼に裏打ちされた切れ味のよい語り口には定評がある。

おもな著書に『名僧たちは自らの死をどう受け入れたのか』『浄土真宗ではなぜ「清めの塩」を出さないのか』（いずれも小社刊）のほか、『田中角栄　相手の心をつかむ「人たらし」金銭哲学』（双葉社）、『渋沢栄一「運」を拓く思考法』（青志社）、『任侠駆け込み寺』（祥伝社文庫）など多数。

リーダーとは「言葉《ことば》」である　　青春新書 INTELLIGENCE

2021年1月15日　第1刷

著　者　向《むかい》谷《だに》匡《ただ》史《し》

発行者　小澤源太郎

責任編集　株式会社プライム涌光

電話　編集部　03(3203)2850

発行所　東京都新宿区若松町12番1号 〒162-0056　株式会社青春出版社

電話　営業部　03(3207)1916　振替番号　00190-7-98602

印刷・中央精版印刷　製本・ナショナル製本

ISBN978-4-413-04611-4

こころ涌き立つ「知」の冒険！

青春新書 INTELLIGENCE

人生は「2周目」からがおもしろい	齋藤 孝	PI・578
腸から脳を整える最新栄養医学 発達障害は食事でよくなる	溝口 徹	PI・579
元日本テレビ敏腕プロデューサーが明かす 勝つために9割捨てる仕事術	村上和彦	PI・580
定点写真でめぐる東京と日本の町並み	二村高史	PI・581
図説 地図とあらすじでわかる！ 釈迦の生涯と日本の仏教	瓜生 中［監修］	PI・582
転職の「やってはいけない」 自分を活かす会社の見つけ方、入り方	郡山史郎	PI・583
野球と人生 最後に笑う「努力」の極意	野村克也	PI・584
武道と日本人 世界に広がる身心鍛練の道	魚住孝至	PI・585
「親の介護・認知症」でやってはいけない相続	税理士法人レガシィ	PI・586
英会話 その〝直訳〟はネイティブを困らせます	デイビッド・セイン	PI・587
中高年がひきこもる理由 臨床から生まれた回復へのプロセス	桝田智彦	PI・588
50代からの人生戦略 いまある武器をどう生かすか	佐藤 優	PI・589
すぐ怠ける脳の動かし方	菅原道仁	PI・590
図解ハンディ版 腸を温める食べ物・食べ方	松生恒夫	PI・591
これ一冊で日常生活まるごとOK！ 英会話 ネイティブの1行フレーズ2500	デイビッド・セイン	PI・592
50代から自分を生かす頭のいい副業術	中山マコト	PI・593
大阪の逆襲 万博・IRで見えてくる5年後の日本	石川智久 多賀谷克彦 関西近未来研究会	PI・594
医者も親も気づかない女子の発達障害	岩波 明	PI・595
50代 後悔しない働き方 「勝ち逃げできない世代」の新常識	大塚 寿	PI・596
学校の先生も答えられない 「英語のなぜ？」がわかる図鑑	伏木賢一［監修］	PI・597
福沢諭吉と渋沢栄一 学問と実業、対極の二人がリードした新しい日本	城島明彦	PI・598
繰り返す日本史 二千年を貫く五つの法則	河合 敦	PI・599
あなたの職場の繊細くんと残念な上司	渡部 卓	PI・600
何のために本を読むのか	齋藤 孝	PI・601

こころ涌き立つ「知」の冒険！

青春新書
INTELLIGENCE

弘兼流 やめる！ 生き方	弘兼憲史	PI·602
会社を離れても仕事が途切れない7つのツボ	伊藤賀一	PI·603
ウイルスに強くなる「粘膜免疫力」	溝口 徹	PI·604
認知症グレーゾーン 「人の名前が出てこない」だけではなかった	朝田 隆	PI·605
感情を〝毒〟にしないコツ 心と体の免疫力を高める「1日5分」の習慣	大平哲也	PI·606
日本の神様の「家系図」 あの神様の由来と特徴がよくわかる	戸部民夫	PI·607
英会話 言わなきゃよかったこの単語	デイビッド・セイン	PI·608
脳科学者が教える「ストレスフリー」な脳の習慣	有田秀穂	PI·609
ボケたくなければ「奥歯」は抜くな	山本龍生	PI·610
リーダーとは「言葉」である 行き詰まりを抜け出す77の名言・名演説	向谷匡史	PI·611
	※以下続刊	

お願い ページわりの関係からここでは一部の既刊本しか掲載してありません。折り込みの出版案内もご参考にご覧ください。